北京精神 爱国 创新 包容 厚德

SIXIANG ZHENGZHI JIAOYU SHIYE XIA DE
BEIJING JINGSHEN PEIYU YANJIU

思想政治教育视野下的北京精神培育研究

袁阳 著

知识产权出版社
全国百佳图书出版单位

图书在版编目（CIP）数据

思想政治教育视野下的北京精神培育研究 / 袁阳著. —北京：知识产权出版社，2019.1
ISBN 978-7-5130-6020-2

Ⅰ. ①思… Ⅱ. ①袁… Ⅲ. ①社会主义精神文明建设－研究－北京 Ⅳ. ①D648

中国版本图书馆CIP数据核字（2019）第000683号

内容提要

本书对思想政治教育与北京精神培育之间的关系进行概述，分析了思想政治教育视野下北京精神培育的内容、现状、指导思想和主要原则，研究了思想政治教育视野下北京精神培育的学科基础和基本要求，探索了思想政治教育视野下北京精神培育的路径。

责任编辑：王　辉　高　源　　　　**责任出版**：孙婷婷

思想政治教育视野下的北京精神培育研究
袁阳　著

出版发行：知识产权出版社有限责任公司	**网　　址**：http://www.ipph.cn
电　　话：010－82004826	http://www.laichushu.com
社　　址：北京市海淀区气象路50号院	**邮　　编**：100081
责编电话：010－82000860转8701	**责编邮箱**：gaoyuan1@cnipr.com
发行电话：010－82000860转8101	**发行传真**：010－82000893
印　　刷：北京中献拓方科技发展有限公司	**经　　销**：各大网上书店、新华书店及相关专业书店
开　　本：720mm×1000mm　1/16	**印　　张**：12.75
版　　次：2019年1月第1版	**印　　次**：2019年1月第1次印刷
字　　数：165千字	**定　　价**：58.00元

ISBN 978－7－5130－6020－2

序

袁阳博士的专著《思想政治教育视野下的北京精神培育研究》即将付梓出版，这既令人感到非常欣慰和高兴，又应当给予热情鼓励和肯定。

一座城市有一座城市的品格，一座城市有一座城市的精神。城市的起源变迁与城市精神的生成发展如影随形、良性互动。城市精神既能够涵养城市内涵，也可以提高市民素质，还有助于提升城市能级和核心竞争力。纵观中外城市发展史，城市精神犹如一面旗帜、一种标识、一个象征、一条纽带，引领着一座城市的发展路径，彰显着一座城市的文化底蕴，展示着一座城市的整体形象，维系着一座城市的繁荣稳定。环顾当今全球范围内，许多国际性大都市都在其长期发展和不断演变中孕育并形成了自己的城市精神，也大都有关于其城市精神的基本概括。比如，美国纽约的城市精神被概括为“高度的融合力、卓越的创造力、强大的竞争力和非凡的应变力”；英国伦敦的城市精神被概括为“历史与现实的和谐统一，人和自然的和谐统一，不畏强暴、坚强不屈的英雄意志”；法国巴黎的城市精神被概括为“世界的时尚之都、浪漫之都、服饰之都和文化之都”；日本东京的城市精神被概括为“干练、优雅、合作”。城市精神既是历史的又是现实的，既是传统的又是现代的，既是抽象的又是具体的，既是一般的又是个别的。即便今后城市整体达到了智慧城市水平或者说出现了智慧城市这样一种未来的高级城市的发展形态，城市精神仍将存在。有城市精神的存在，就有关于城市精神的研究。不同国家、不同城市的人们从不同角度诠释城市精神，从不同向度阐述城市精神，从不同维度探索城市精神，目的就是希冀从中挖掘或构建城市的理想星空、精神坐标、价值旨趣、动力源泉，为城市的建设、市民的前行、文明的传承提供航向和指南。今天，随着城市的增多、城市治理复杂性的加大、城市在社会发展中作用的凸显，关于城市精神的研究正逐步成为许多学科和学者关注的重点和前沿的课题。

北京作为中华人民共和国的首都，具有3000余年建城史、800多载建都史，在长期的历史发展、文化传承和不断建设中形成了自己独特的城市精神即北京精神，现在被概括为“爱国、创新、包容、厚德”。北京精神是具有社会主义性质和元素的城市精神，是坚持社会主义方向和道路的城市精神，是在中国环境下和北京地域上形成和发展起来的城市精神。它具有鲜明的中国特色、时代特征、北京特点，为北京的城市建设与市民的成长发展提供了正确的价值引领、丰厚的道德滋养和强大的精神力量。培育北京精神，无疑需要借鉴其他国际性大都市城市精神培育中好的经验和有益做法，但绝不能简单移植或照抄、照搬。北京是不可复制的，而北京精神是可以交流互鉴的。这一切，是我们今天在研究北京精神时所必须清醒认识并牢记于心的。

要正确认识北京精神与社会主义核心价值体系和社会主义核心价值观的关系。应该说，包括北京精神在内的城市精神与社会主义核心价值体系和社会主义核心价值观是紧密联系、不可分割的。一方面，前者是后者产生、形成、概括、提炼的深厚基础，是后者赖以存在、发挥作用的坚实基石。另一方面，后者是前者丰富、提升、充实、完善的方向引领，是前者融为一体、凝心聚力的精神标识。“近年来，一些地方和行业在方方面面共同推动下，开展了各具特色的核心价值观教育活动，如北京提出‘爱国、创新、包容、厚德’的北京精神，上海提出‘海纳百川、追求卓越’的上海精神，……等等，在社会上产生了良好反响。这既是充分发扬民主、广泛听取民意的过程，也是深入进行社会主义核心价值体系教育、进一步统一思想认识的过程。要鼓励不同城市、各行各业结合实际

提炼自己的行业精神、城市精神，为最终形成统一的社会主义核心价值观积累经验。”❶

要正确认识北京精神与中国精神的关系。应该说，包括北京精神在内的城市精神与中国精神也是紧密联系、不可分割的。习近平总书记指出：“实现中国梦必须弘扬中国精神。这就是以爱国主义为核心的民族精神，以改革创新为核心的时代精神。”❷中国精神不是抽象玄奥、虚无缥缈、游根不定的，而是生动具象、历久弥新、根基牢固的。它充分蕴涵并切实体现在中国的各个民族、广大公民的思想意识和价值理念之中，也充分蕴涵并切实体现在中国的各个城市、各个行业等的文明发展和精神历史之中。从某种意义上可以说，北京精神是中国精神的“北京篇章”或“北京实践”，广大北京市民用点滴行动不断刷新这座城市的颜值和气质，传承着千年古都的古道热肠，更彰显着大国首都的整体风貌；而中国精神是包括北京精神在内的中国各个城市精神、各个行业精神和其他革命精神等中华民族优良精神谱系丰富内容的凝聚升华，它促进并提升着广大北京市民对城市文明的自信和自觉。

中国特色社会主义已经进入新时代。伟大的时代呼唤伟大的精神，伟大的精神推动伟大的事业。越是面对大有可为的历史机遇，越是处于爬坡过坎的关键时期，越需要凝聚广泛的思想共识，熔铸坚实的精神支撑。这其中，无疑包含城市精神。城市精神培育是人民对美好生活的向往与追求的题中应有之义。

当前，北京正在按照习近平总书记对北京重要讲话精神，加快建设国际一流和谐宜居之都的步伐。在这个过程中，如何直面时代需求，回应现实关切，结合北京实际，进一步加强社会主义先进文化和社会主义精神文明建设，进一步推进社会主义核心价值体系和社会主义核心价值观建设，

❶十八大报告编写组.十八大报告辅导读本[M].北京：人民出版社，2012：258.

❷习近平.在第十二届全国人民代表大会第一次会议上的讲话[N].人民日报，2013-03-18.

进一步创新思想政治教育学科和思想政治工作，有许多问题亟待探讨和研究。多年来，关于北京精神的研究，学术界、理论界已经做了一些工作，相关成果也不少，从不同视野研究北京精神都是有价值的。但是，从思想政治教育视野来研究北京精神培育，迄今为止，可以说所见似无，成果鲜有。北京发展到今天，历史之长、人文之美、创新之巨、交往之广，这一切，不但厚植北京城市文明新底色，而且打造了北京城市精神新高地。从思想政治教育视野对北京精神培育进行研究，是把北京真正建成首善之区、宜居之都、厚德之城的理论需要和现实呼唤。我们今天研究北京精神，具有比过去更好的基础和条件，也应当拿出比过去更多、更好的成果。

袁阳博士在师从我攻读博士学位研究生期间，我们经过反复讨论，慎重确定了她的博士学位论文题目。她经过刻苦努力，顺利完成了博士学位论文写作。博士毕业后，她穷历载之功、倾一己之力，在对博士学位论文进行认真修改的基础上推出本专著。本书以马克思主义和中国特色社会主义理论体系特别是习近平新时代中国特色社会主义思想为指导，立足北京实际，坚持问题导向，采取科学方法，综合运用和借鉴多学科的理论和知识，从思想政治教育视野，从理论与实践、历史与现实、宏观与微观的结合上，对北京精神培育进行了较全面、深入的研究。全书视野开阔、观点鲜明、框架合理、层次清晰、内容充实、资料翔实、写作规范、文字流畅。其创新之处主要表现在三个方面：一是选题方面的创新，在学术界首次从思想政治教育视野来整体性、系统性、专题性地研究北京精神培育，丰富了北京精神的时代内涵和价值意蕴，初步提出了中国特色社会主义城市精神培育的“北京方案”；二是内容方面的创新，对北京精神培育中的若干重大关系和重要问题深入进行研究、提出若干见解，既为北京社会主义精神文明和社会主义核心价值体系的建设发展注入了动力，又为北京社会主义精神文明和社会主义核心价值体系的贯彻落实开拓了路径；三是学科方面的创新，既指出北京精神赋予思想政治教育鲜明的地域特色和时代特色，又强调思想政治教育给予北京精神培育以思想保证和工作支持，将北京精神培育看成是思想政治教育的有效载体和科学路径，并对此着力阐述，这对于新时代、新形势下思想政治教育学科的发展和创新是一个推进。从总体上看，应当说，本书具有较高的学术水平、较大的理论价值、较强的现实意义，对于在新时代推进中国特色社会主义精神文明建设、推进社会主义核心价值体系和社会主义核心价值观建设、推进中国精神培育、推进北京的国际一流和谐宜居之都建设、推进思想政治教育学科发展等，都具有重要的参考价值和借鉴意义。当然，北京精神不是静态平面的，关于北京精神的概括不是凝固不变的，对北京精神的研究也不是一蹴而就的。在今天，北京精神呈现出一种立体发展的当代样态，本书从思想政治教育视野对北京精神培育进行整体性、系统性、专题性研究取得的成果无疑是阶段性的，其本身需要在认识上不断深化、在内容上不断完善、在学理上不断拓展、在实践上不断总结。正所谓新故相推，日生不滞。凡是过去，皆为序章。

袁阳博士接受过大学本科、硕士研究生、博士研究生、博士后这几个阶段的培养，又有工作的经验，应该说，是具有一定的知识积累、学术积淀、思维训练、实践磨炼的。多年来，无论学习多么累，无论生活压力多么大，也无论工作多么忙，她都从不后退、从不言弃，而是知难而进、迎难而上，表现出了顽强拼搏的意志和持续奋斗的精神，这是难能可贵、值得称道的。诚如古人所说，“千淘万漉虽辛苦，吹尽狂沙始到金”。今天，我们的国家、我们的民族、我们每一个人，都处在一个空前开阔的时代、空前激荡的时代、空前厚重的时代，时与势应正确领悟与判断，机遇与挑战需科学把握与应对，资源与力量靠深度开发与聚合。风雨多经人不老，关山初度路犹长。愿袁阳博士继续潜心静气，坚持砥砺奋进，注重厚积薄发，不断再创佳绩。

陈勇

2018年11月18日

目　录

第一章　绪　　论

第一节　思想政治教育视野下北京精神培育研究的背景和意义

一、研究的背景

3000余年建城史，800多载古都情。北京，作为中国的首都，有着悠久的历史和灿烂的文化。在漫漫的历史长河中，北京经历古蓟国首都、古燕国首都、燕国首都（并入周朝管辖）、辽陪都、金中都、元大都、明京师、清京师、民国京都、中华人民共和国首都，逐渐发展成21世纪的现代化国际大都市。

城市精神是一个城市独具特质的精神品格，是展示城市形象、引领城市发展的一面旗帜。2011年，“北京精神”提炼培育工作领导小组办公室组织首都高校和科研院所的部分专家学者进行了研讨，在广泛征求意见的基础上，提炼出“北京精神”的5种初步表述。其一，爱国、创新、包容、厚德；其二，正大、包容、和谐、日新；其三，纳百川、凝千载、践行首善；其四，继古开今、尚德求新；其五，包容与梦想。在仅仅1天公众投票期内，有2929709名北京市民参与了确定北京精神表述语的投票。最终，“爱国、创新、包容、厚德”从5条候选表述语中脱颖而出。之后，在反复研讨、推敲，以及集中民智、汇聚民意的过程中，北京市民对爱国、创新、包容、厚德的“北京精神”达成了共识。2011年11月2日，由8位北京市民代表共同发布了4个词语组成的“北京精神”表述语。“爱国”，北京精神的核心。“创新”，北京精神的精髓。“包容”，北京精神的特征。“厚德”，北京精神的品质。北京精神诠释了处在历史与未来交织点上的当代北京所具有的气质与灵魂，表达了广大市民对北京的实际感受与价值认知。

党的十七届六中全会把建设社会主义核心价值体系作为推进文化大发展大繁荣的根本任务提了出来。北京作为国家的政治文化中心，理应成为践行社会主义核心价值体系的首善之区，因而必须把国家的精神理念和价值观念融化在自己的城市精神之中。“爱国、创新、包容、厚德”之北京精神，不仅贯彻了科学发展观的指导思想，体现了中国特色社会主义的共同理想与价值目标，而且高度契合了社会主义核心价值体系的精神实质，即以爱国主义为核心的民族精神凝心聚力，以改革创新为核心的时代精神书写新篇，以更为自信的包容姿态，使北京融入全球化时代。北京精神的提炼、发布过程，是学习、普及社会主义核心价值体系的过程，也是弘扬、践行社会主义核心价值体系的过程，更是结合北京实际对广大北京市民开展思想政治教育的过程。北京精神不是文人“闭门造车”杜撰出来的，而是来源于广大人民群众的生动实践，是几千年文化、历史精髓的当代传承。北京精神是一代又一代北京人创造、实践和弘扬的价值与理想，是北京发展过程中逐步积累、不断丰富的文化内核和思想动力。提炼和践行北京精神，是结合地区实际推进社会主义核心价值体系建设、社会主义核心价值观建设、思想政治教育创新的一个重要举措，也是北京提高文化自觉、增强文化自信、推动首都文化大发展大繁荣和经济社会又好又快发展的一次生动实践。

二、研究的意义

北京精神的培育是在文化软实力作用日益凸显，文化已成为综合国力重要组成部分，人民对文化与消费的需求不断增长，以及中央深化文化体制改革推动社会主义文化大发展大繁荣的背景下进行的，因而有着十分重要的理论和现实意义。

第一，从思想政治教育视野研究北京精神培育问题，对于推进中国特色社会主义精神文明建设具有重要意义。

思想政治教育既属于中国特色社会主义精神文明的重要组成部分，又以推进中国特色社会主义精神文明建设为己任。从思想政治教育视野研究北京精神培育问题，有助于推进中国特色社会主义精神文明建设。

中国特色社会主义文化，源自中华民族五千多年文明历史所孕育的中华优秀传统文化，熔铸于党领导人民在革命、建设、改革中创造的革命文化和社会主义先进文化，植根于中国特色社会主义伟大实践。发展中国特色社会主义文化，就是以马克思主义为指导，坚守中华文化立场，立足当代中国现实，结合当今时代条件，发展面向现代化、面向世界、面向未来的，民族的科学的大众的社会主义文化，推动社会主义精神文明和物质文明协调发展。北京作为首都所具有的特殊的地位，使北京精神的产生，不论在国家精神文明建设上，还是在北京城市精神文明建设上，都是重大的里程碑事件。北京精神的产生，也标志着北京市民首都意识的进一步觉醒，彰显出当代北京人在精神文化价值观上更高的自尊和自信，以及在精神文化价值追求上更高的品位和格调。

改革开放以来，中国特色社会主义精神文明建设呈现出日新月异的发展态势。首先，中国特色社会主义精神文明建设经历了由狭义的意识形态文化层面推进为广义的包含中国优秀传统精神文化层面。这种推进，正在使马克思主义意识形态文化同人类进步的人文精神与无神论的科学精神相结合，从而逐步扩大着中国化的马克思主义意识形态文化，在精神文化领域中发挥其更加广泛的主导作用。其次，中国特色社会主义精神文明建设经历了由精神文化的世界观、历史观、人生观等形态，向精神文化的价值观形态推进。这种推进，愈益深入地使广大人民群众对于精神文化的核心价值及其体系获得更鲜明、更突出、更自觉的把握。其三，中国特色社会主义精神文明建设经历了由宏观领域向中观和微观领域的推进。这种推进，不仅使宏观领域的精神文化在中观和微观领域中得到巩固和发展，而且还使宏观领域的精神文化获得了更加多样和更加具体的实现。其四，中国特色社会主义精神文明建设经历了由大一统的主流精神文化形态，向以主流精神文化为引领包括各种类型的和不同民族的亚文化在内的形态推进。这种推进，不仅使各种类型和不同民族亚文化的发展有了更为明确的主流导向，而且也必将使主流文化由于有了丰富的亚文化形态，而使自己日臻完善起来。其五，中国特色社会主义精神文明建设经历了由自我完善的格局到全方位开放格局的推进。这种推进，不仅使中国的精神文化加速度地向全球传播，使其更加面向世界，更加大胆地吸收和借鉴人类精神文化的一切积极成果，而且还引起中华民族对其文化更为深层的反省、自觉和自信，从而导致当代中国精神文化更加注重向本土精神文化传统的回归。

北京精神具有导向功能、约束功能、激励功能、塑造功能和审美功能等，对于促进文化发展繁荣，提高文化自信和文化自觉具有重大而深远的意义。北京精神是北京传统文化的升华，也是在基于吸纳优秀文化成果的层面上，实践社会主义核心价值体系和社会主义核心价值观的新探索和新创造。北京精神与时代精神紧密相连，体现时代需求，引领未来发展，给北京历史文化注入了新的血液，使北京文化在新的起点上进一步传承和发展。培育、弘扬和践行北京精神，对于我们扎根于中国特色社会主义文化建设实践，及时反映和回答时代提出的崭新课题，实现当代中华民族精神的升华，意义重大而深远。为此，必须紧扣当代中华民族精神的核心内容，将团结统一、爱好和平、勤劳勇敢、自强不息的时代精神与以“爱国、创新、包容、厚德”为内容的北京精神有机结合起来，真正把弘扬和培育北京精神贯穿在中国特色社会主义文化建设的全过程，在继承中华民族优秀传统文化的基础上，使之真正反映和体现中国先进文化的前进方向。

第二，从思想政治教育视野研究北京精神培育问题，对于推进社会主义核心价值体系建设具有重要意义。

思想政治教育既以社会主义核心价值体系为其理论指导，又以社会主义核心价值体系为其重要内容。从思想政治教育视野研究北京精神培育问题，有助于推进社会主义核心价值体系建设。

但是，如何更好地理解、记忆和践行社会主义核心价值体系，是一个需要探索的问题。社会主义核心价值体系提出了社会主义核心价值观建设的主要原则、价值取向与基本路径，这需要通过具体鲜明的内涵式表达与简洁的表述语言来反映和落实。从客观上讲，提炼社会主义核心价值观是一项复杂而艰巨的工作，它既要考虑到思想文化的先进性，又要考虑到思想文化的广泛性；既要有一定的广度，又要有一定的深度；既要有切实解决现实问题的能力，又要有引领未来发展的功能。所以，要解决这个问题，需要集中全党全国人民的智慧，也需要部分省市先行先试。有了部分省市先行的实践经验，就有可能从这些宝贵的经验总结中归纳、提炼出更精练、更概括的社会主义核心价值观及其表述语。北京精神是以科学发展观为指导，按照社会主义核心价值体系总体要求，对北京城市特质与市民品质的高度概括与科学凝练，体现了城市精神与时代精神、城市共性与北京个性、城市特色与市民气质、历史底蕴与未来取向、北京特点与首都性质的辩证统一，是指导北京未来又好又快发展和建设中国特色社会主义世界城市、树立良好城市形象与培育优良市民品质的城市核心价值观。

习近平总书记所作的党的十九大报告深刻阐述了社会主义核心价值观

的丰富内涵和实践要求，对培育和践行社会主义核心价值观作出许多新的重大部署，充分反映了我们党在价值理念和价值实践上达到了一个新的高度。因此，要认真学习贯彻党的十九大精神，深入推进社会主义核心价值观建设，为决胜全面建成小康社会、夺取新时代中国特色社会主义伟大胜利，打下更加坚实的共同思想道德基础。贯彻落实党的十九大精神，必须用社会主义核心价值体系来更好构筑中国精神、中国价值、中国力量，为人民提供精神指引。

第三，从思想政治教育视野研究北京精神培育问题，对于推进世界城市建设具有重要意义。

思想政治教育如何在坚持一般性、共同性的同时，结合各地实际注重地域性、凸显针对性，这是一个值得探讨的新问题。从思想政治教育视野研究北京精神培育问题，有助于北京推进世界城市建设。

北京精神的提出顺应了时代发展的要求。“爱国、创新、包容、厚德”，不仅是对北京城市特质的高度提炼，更是在中国特殊的社会转型期，为建设世界城市起到了引领及表率作用。建设中国特色世界城市，是首都立足自身实际，把握时代精神和城市发展趋势所提出的宏伟目标。北京精神既体现了社会主义核心价值体系的丰富内涵和根本要求，也为首都加快世界城市建设提供了坚实的思想基础。建设世界城市，给北京提出了更新、更高的要求，也必然要求北京以大国首都的定位来思考和谋划自身的建设与发展。从思想政治教育视野研究北京精神培育问题，可以充分发挥北京精神的灵魂支柱作用、旗帜引领作用和动力源泉作用，充分发挥思想政治教育在北京建设世界城市进程中的统一思想、凝聚社会共识、营造良好氛围的作用。

研究和践行北京精神可以为北京建设世界城市提供必要的精神动力和支持。正如民族精神是一个民族赖以生存和发展的精神支撑一样，城市精神也是一个城市建设和发展的精神支柱和动力。通过研究和践行北京精神，我们可以更好地发挥人文精神在北京建设世界城市中的导向、凝聚和激励作用，调动全体北京市民的积极性、主动性和创造性，增强其作为主人翁的自豪感、荣誉感和责任感，将自己的聪明才智贡献于北京的世界城市建设实践。

研究和践行北京精神是凸显北京城市特色、提升北京文化竞争力的需要。特色是一个城市的魅力和竞争力所在。纽约、伦敦等之所以成为全球公认的世界城市，不仅仅是因为它们经济繁荣、文化发达，还因为它们拥有内在的、成熟的城市精神。北京要建设世界城市，也必须在世界城市之林中凸显出北京的独特个性和魅力。北京精神是北京的精、气、神，是北京之所以成为北京的文化名片。在北京城市发展的现阶段，如何通过培育和弘扬北京精神，使北京城市建设更好地展示北京的人文精神风貌和文化特色，培育和提升北京的文化竞争力，这已经成为北京城市建设迫切需要解决的重要问题。

研究和践行北京精神是促进人文关怀、提升北京市民综合素质的需要。建设世界城市，需要进一步提高全体北京市民的素质。没有良好的市民素质做后盾，建设世界城市是不可能的。而市民素质的提高，在很大程度上依赖于北京城市精神的塑造。这是因为，城市精神在本质上是一种人文精神。在描摹城市发展所追求的高境界时，城市精神也必须尊重和维护全体市民的尊严和价值。同时，每一位北京市民也是培育和弘扬北京精神的主体，是北京精神的具体塑造者、体现者、传播者和实践者。培育和弘扬北京精神，不仅是提升北京城市文明程度的需要，也是提高北京市民文明素质的需要。

因此，研究和践行北京精神，有利于引导全市人民更加关心祖国的前途命运，强化民族意识、政治意识、大局意识，积极参与国家、首都的发展建设，确保城市沿着正确的发展道路继续前进；有利于促进海纳百川、兼容并包，营造尊重差异、包容多样、鼓励创新的良好氛围，吸收和借鉴一切优秀的人类文明为我所用，进一步提升北京发展的特殊优势和力量，提高发展竞争力；有利于彰显首都自身特色，更好地立足城市的历史、文化与民情实际，体现市民的价值追求、思想观念和道德风尚，培育良好的社会公德、职业道德、家庭美德和个人品德，促进传统与现代的交融，充分展现出首都的人文气质和独特魅力。

第四，从思想政治教育视野研究北京精神培育问题，对于新时期推进思想政治教育学科发展具有重要意义。

思想政治教育学科自20世纪80年代在我国建立以来，经历了时间的考验与实践的检验，伴随我国社会的迅速发展而不断丰富和完善。广大思想政治工作者和理论工作者以马列主义、毛泽东思想、邓小平理论、“三个代表”重要思想、科学发展观、习近平新时代中国特色社会主义思想为指导，总结思想政治教育工作的历史经验，结合新时期思想政治工作的实践，深入研究新形势、新情况、新问题，探索新思路、新方法、新途径，着眼于思想政治教育理论的正确运用和发展创新，取得了丰硕成果。思想政治教育的内容是随着时代发展而不断调整更新的。思想政治教育内容的与时俱进是思想政治教育科学化发展的基本要求，也是保障其教育实效性的重要前提。值得注意的是，现代思想政治教育学科的活水源头，存在于时代进步和社会发展之中，只有适应时代进步和思想政治教育实践的新发展，才能使现代思想政治教育学科与时俱进，保持生机与活力。

北京精神并非空泛的概括，而是具有丰富实践内涵、系统理论支撑的高度凝练的思想精华。可以说，北京精神本身就是首都思想政治教育的时代主题，就是思想政治教育的重要内容，其建设过程就是思想政治教育的生动实践。从思想政治教育视野研究北京精神培育问题，将为思想政治教育学科的发展带来新的研究视角、新的研究方法、新的解决问题的方法手段和新的研究成果，这是时代发展的要求，是实践创新的需要，也是学科建设的需求。北京精神在实践中产生和发展，具有广泛的群众基础，也必然会对今后的实践产生指导作用。北京精神需要得到传承，需要不断地发挥其价值指引、凝聚力量的功能。从思想政治教育的视野研究北京精神培育问题，将北京精神融入思想政治教育全过程，使北京精神具有人格化的依靠力量，是弘扬、传承北京精神，发挥其价值指引、凝聚力量功能的重要前提。北京精神为思想政治教育带来了发展契机，为思想政治教育增添了“文化特色”和“时代元素”，也是以改革创新精神进一步加强和改进思想政治教育的具体体现。应当说，研究北京精神培育问题与思想政治教育活动有着直接的、内在的联系。一方面，北京精神的传承与弘扬离不开思想政治教育活动，或者说是思想政治教育的一个抓手、载体和途径；另一方面，思想政治教育活动的开展可以促进北京精神的传承与发展，促进北京市民对北京精神的认同、接受、信守和践行，或者说思想政治教育本身就是北京精神培育过程中的一个重要方面、主要形式和组成部分。思想政治教育活动是北京市民践行北京精神的一种载体与形式。北京精神既构成了思想政治教育活动的鲜明主题，也丰富着新时期首都思想政治教育的内容体系。因此，从思想政治教育视野研究北京精神培育问题，对于推进新时期思想政治教育学科的发展，增强思想政治教育的吸引力、亲和力与针对性、实效性都具有重要意义。

第二节 国内外研究现状

一、国内研究现状

1. 我国六大名家探索北京精神的思想轨迹

对北京精神的高度概括和明确表述是在当代，而对北京精神的思考和探索则比较早了。为了使我们的思想能站到巨人肩膀上，更好地吸收前人研究成果，笔者梳理了六位名家对北京文化、北京特色、北京精神的基本看法。他们分别是李大钊、鲁迅、林语堂、老舍、梁思成、侯仁之。

李大钊初探北京精神：新旧兼容论。李大钊是“五四”新文化运动的一位主将，是马克思主义在中国的最早传播者。1918年，他发表了《新的！旧的》一文，以北京前门为典型，描述了北京城市、北京文化中新旧共存的鲜明特征：“我前岁在北京过年，刚过新年，又过旧年。看见贺年的人，有的鞠躬，有的拜跪，有的脱帽，有的作揖，有的在门首悬挂国旗，有的张贴春联，因而起了种种联想。”[1]李大钊认为，在北京这个城市中，新的东西像他们所提倡的新青年、新的革新、新的科技、德先生和赛先生都是新的理念，但是北京又到处看到它沉稳的、上千年文化的厚重，所以北京是新旧兼容的。

鲁迅论及北京精神：继古开今论。鲁迅对北京文化寄予了无限的希望与眷顾：“北平究竟还有古物，且有古书，且有古都的人民。在北平的学者文人们，又大抵有着讲师或教授的本业，论理，研究或创作的环境，实在是比‘海派’来得优越的，我希望能够看见学术上，或文艺上的大著作。”[2]1935年1月初，友人郑振铎致信鲁迅，表示了要离开燕京大学与北京古城的想法。鲁迅在复信中明确表达劝阻之意，对北京文化的认可溢于言表：“先生如离开北平，亦大可惜，固北平究为文化旧都，继古开今之事，尚大有可为者在也。”“继古开今”是鲁迅对北京文化特色的一个精辟概括，值得深入研究。

林语堂论北京精神：生活和谐论。1961年，美国纽约皇冠出版社出版了林语堂的英文专著《辉煌的北京——中国在七个世纪里的景观》，译成汉语有27万字之多。该书第一章为“老北京的精神”，开门见山谈了他对北京的总体评价：“北京曾经是世界上最大的开放性的都城之一。它吸引

❶ 李大钊.李大钊选集[M].北京：人民出版社，1962：162.

❷ 鲁迅.鲁迅全集：第5卷[M].北京：人民出版社，1981：591.

着来自世界各地的人们。巴黎和北京被人们公认为世界上两个最美的城市，有些人认为北京比巴黎更美。几乎所有到过北京的人都会渐渐喜欢上它。它的难以抵御的魅力恰如其难以理解和描绘的奥秘。”“在这种简朴的生活与朴素的思想的熏陶下，人们给精神以自由，创造出伟大的艺术。”❶他明确提出，构成“北京个性”的，是三大要素的综合——自然、艺术和人的生活，概括起来叫作生活和谐论。

老舍对北京精神的琢磨：精神家园论。老舍是一个地地道道的北京人，生于北京，长于北京，是传承与创新京味文学、京味文化的20世纪典型代表人物。在老舍讲北京的文字中，有一篇散文，即1936年写成的《想北平》。《想北平》的一开头，就点出自己对北京、北京文化之爱，近乎孩子对母亲的爱：“可是，我真爱北平。这个爱几乎要说而说不出的。我爱我的母亲。怎样爱？我说不出。”“我所爱的北平不是枝枝节节的一些什么，而是整个儿与我的心灵相黏合的一段历史，一大块地方，多少风景名胜，从雨后什刹海的蜻蜓一直到我梦里的玉泉山的塔影，都积凑到一块儿，每一小的事件中有个我，我的每一思念中有个北平，这只有说不出而已。”❷北京集中体现了中华民族的核心理念——天人合一的宇宙观，人与自然的和谐统一，因此老舍认为，北京就是生活在这里的人的精神家园。

梁思成中轴线理论中蕴含的北京精神：内在秩序论。1943年，梁思成完成中国第一部系统的建筑史专著《中国建筑史》，从世界历史和总体规划的高度评价了北京城市文化的历史地位：“明之北京，在基本原则上实遵循隋唐长安之规划，清代因之，以至于今，为世界现存中古时代都市之最伟大者。”1951年4月，梁思成在《新观察》上发表论文《北京——都市计划的无比杰作》。他提出，北京城市规划的核心与精髓，首先在于有一条一以贯之的伟大中轴线：“一根长达八公里，全世界最长，也最伟大的

---

❶ 林语堂.辉煌的北京[M].西安：陕西师范大学出版社，2003：19.

❷ 老舍.老舍讲北京[M].北京：北京出版社，2005：9.

南北中轴线穿过了全城。北京独有的壮美秩序就由这条中轴的建立而产生；前后起伏，左右对称的体形或空间的分配都是以这中轴为依据的；气魄之雄伟就在这个南北引伸、一贯到底的规模。”[1]梁思成认为，这是一种内在的秩序，即内在秩序论。

侯仁之论中轴线三个里程碑中蕴含的北京精神：从帝王中心论到人民主体论。侯仁之的突出学术贡献，是继承和发展了梁思成的中轴线理论，提出北京中轴线建设的三大里程碑理论。第一个里程碑是历史上北京城的中心建筑紫禁城。它的建成至今已有570余年，代表的是封建王朝统治时期北京城市建设的核心，也是中国传统建筑艺术的一大杰作。第二个里程碑就是1949年后，在北京城的空间结构上，突出地标志着一个新时代来临的天安门广场。它赋予具有悠久传统的全城中轴线以崭新的意义，显示出在城市建设上“古为今用，推陈出新”的时代特征，在文化传统上有着承前启后的特殊含义。第三个里程碑是中轴线上出现了北延长线：从亚运村到奥运村。这里应该特别注意的是这中轴北延长线的东西两侧，正是国家奥林匹克体育中心和中华民族园所在之地。至于其“北端”，是“突出体现21世纪首都新风貌”的公共建筑群。这一公共建筑群是北京城市规划建设中的第三个里程碑。侯仁之这一观点，是一个重要的理论创新，不仅有重大学术价值，而且有重大实践意义，因为它直接影响了北京城市发展的重大决策、长期规划、城市风貌。

2.关于北京精神内涵特征和价值意义的研究

北京精神从公布开始就引起了社会各界，尤其是学界、理论界的高度关注。

中国人民大学郑水泉教授认为，“城市精神既是民族精神的重要组成部分，也是一个城市独具特质的精神品格，是人民群众长期实践的文化结晶。城市精神凝聚了一个城市的历史、文化、民情，集中反映了市民的价值追

---

[1] 梁思成.北京——都市计划的无比杰作[J].新观察，1951(4)：8.

求、思想观念和道德风尚。北京精神有四方面的内容，爱国、创新、包容、厚德，其中爱国是北京精神的核心。主要体现在三个方面：第一，北京独特政治地位的本质要求。第二，北京独特历史文化的深刻体现。第三，北京市民独特精神品格的集中反映。无论是古代、近代还是当代，从北京的任何历史事件中我们都可以感受到北京的老百姓有强烈的爱国情怀”❶。

北京师范大学政治学与国际关系学院副教授周良书认为，“爱国是中华民族最为悠久的政治文化传统，也是首都北京最具特色的城市精神气质。北京精神必将为全体市民以高度的文化自觉和文化自信，打造中国特色社会主义先进文化之都，建成文明、和谐、宜居的首善之区注入强大精神力量。大力弘扬爱国主义，践行北京精神，就一定能够鼓舞人心、聚集士气、万众一心、共同奋进，推动首都北京的经济和社会建设事业不断迈上新的台阶”❷。

清华大学新闻与传播学院副教授王君超认为，“创新是北京实现自我超越，走向未来，走向世界的翅膀。北京要走向未来，走向世界，应该突出创新的作用。北京如何实现创新跨越，一是普及创新意识，让创新成为每个人的职责。二是立足中华民族的历史和文化。三是开拓本土的创新理论。四是软硬实力结合、科技与文化创新驱动”❸。

中国人民大学马克思主义学院教授刘建军认为，“‘有容乃大，无欲则刚’，大气之人必然大度包容。人如此，城市也是如此。北京不仅是座大的城市，更是一座大度的城市。它不仅容纳这么多的人，而且更重要的是它容纳的是各种各样的人，容纳的是多种多样的工作方式、生活方式与

❶ 祝邦邦.以北京精神构建精神家园[N].中国青年报，2012-01-04.

❷ 周良书.爱国：北京精神的核心[C]//第五届北京中青年社科理论人才“百人工程”学者论坛论文集.北京：光明日报出版社，2011：50-55.

❸ 祝邦邦.以北京精神构建精神家园[N].中国青年报，2012-01-04.

文化样式。正是它的包容多样，才使得它拥有多姿多彩的历史和现在”❶。

北京大学艺术学院院长王一川认为，“实际上严格说来，厚德并非北京人独有的精神品格，而应该是中华民族共有的精神品格。放眼中华大地，在34个省级行政区域、56个民族中处处都能分享‘厚德’这一属于整个中华民族文化传统的普遍性品格。但是，北京人又确实拥有中华大地其他地方所不具备的具体而特殊的厚德呈现方式。北京人的厚德是方正之厚德、仁义之厚德、容让之厚德和实诚之厚德”❷。

首都经济贸易大学马克思主义学院教授王瑞昌认为，“如果西方文化突出的精神是以理性为基础的‘求真’精神的话，中国文化最突出的精神则是以性情为基础的‘厚德’精神。新时期，应继续解放思想，培育‘厚德’精神。第一，应进一步提升传统文化的地位。第二，应厘清‘道德’与‘思想’的界限，凸显‘道德’的独立意义。第三，肯定道德的超越性，告别道德相对主义。第四，重新反思科学与道德的关系”❸。

北京理工大学法学院教授李寿平认为，“在北京精神中，厚德既是中华文化的精神之魂，也是北京精神的核心内容。而诚信是厚德观念的核心内涵，同时，诚信制度亦是践行厚德精神的制度保障”❹。

北京市共青团老百姓国学会执行会长邓卫东认为，“精神的时代意义及价值，可以从三个角度去考量：从‘人’的发展角度来考虑北京精神的价值意义：爱国，以使人成人；创新，以使人成才；包容，以使人成长；厚德，以使人成熟。换言之，不爱国，难成人；不创新，难成才；不包容，难成长；不厚德，难成熟。从‘心’的角度来考虑北京精神的价值意

---

❶ 刘建军.谈谈北京的大气包容[C]//第五届北京中青年社科理论人才“百人工程”学者论坛论文集.北京:光明日报出版社,2011:76-77.

❷ 王一川.谈谈“北京精神”中的“厚德”[J].北京社会科学,2012(1):4-6.

❸ 王瑞昌教授在第五届“百人工程”学者论坛上解读“厚德”精神.

❹ 李寿平,刘毅.构建诚信制度与践行厚德精神[C]//第五届北京中青年社科理论人才“百人工程”学者论坛论文集.北京:光明日报出版社,2011:86-90.

义：爱国，就是说人要拥有一颗感恩心；创新，就是说人要有一颗进取心；包容，就是说人要有一颗善良心；厚德，就是说人要有一颗真诚心、纯洁心。从‘家’的角度来考虑北京精神的价值意义：我们的家从哪里来？我们的家在哪里？——爱国，回答了这个来源的问题。我们的家往哪里去？我们要如何建设我们更美好的家园？——创新，回答了这个发展的问题。无数的小家和小家之家如何相处？无数的小家和小家之间如何组合成为一个和谐的大家庭？——包容，回答了这个稳定的问题。如何拥有富足的心灵之家？如何让幸福的家园生生不息？——厚德，回答了这个根本的问题”[1]。

北京大学哲学系教授王东认为，“当今世界，正处于新型文明难产期：一方面，现代科技革命为世界新型文明奠定了重要的物质技术基础；另一方面，人们的社会制度与社会关系、思维方式与价值观念，又不能适应世界新型文明的需要，因而表现出全球性的生态危机、两极分化危机、不同文明之间的冲突危机、道德危机及价值观念危机等。为了走出当今时代的危机，创造世界新型文明，不仅需要创造现代新型的社会制度、社会关系，而且需要创造现代新型的思维方式与价值观念。正是从世界历史高度来看，北京文化、北京精神具有了当代价值与未来意义。它有助于启迪人们寻求人与自然关系上的和谐共存、共同发展；有助于启迪人们寻求人与人、国与国、不同民族、不同文明、不同宗教信仰之间的和谐共存，共同发展；有助于启迪人们寻求身与心、欲望与自我的和谐发展。‘北京精神’可以为当今世界文明走向提供一种新的选择”[2]。

3.关于北京精神与社会主义核心价值体系关系的研究

社会主义核心价值体系不仅为北京精神培育提供了价值导向，而且为北京精神培育提供了重要理论依据。社会主义核心价值体系是实现首都科

---

[1] 李月.论“北京精神”诞生带给我们的理论思考[J].学理论，2012(13)：174-175.

[2] 刘好光.北京向世界展示魅力——访北京大学哲学系王东教授[N].中国教育报，2008-07-14.

学发展、社会和谐的精神保证，是指引北京精神的方针和灵魂。作为首都，北京的城市精神深刻反映了国家和民族的需要，与社会主义核心价值体系一脉相承。“爱国、创新、包容、厚德”高扬了以爱国主义为核心的民族精神和以改革创新为核心的时代精神，贯穿着社会主义道德理想、价值规范和社会主义荣辱观。切实按照社会主义核心价值体系的要求阐释、宣传、深化北京精神，才能确保北京精神具有正确的政治方向和坚实的思想基础；坚持用社会主义核心价值体系引领北京精神的培育和实践，才能更好地形成统一指导思想、共同理想信念、强大精神力量和基本道德规范。

北京精神也为首都推进社会主义核心价值体系建设提供了新的实践载体，体现了社会主义核心价值体系的丰富内涵和根本要求。培育北京精神，为社会主义核心价值体系建设提供了新的实践方式，使北京市民能够在首都经济社会发展的大格局中，通过日常的工作、学习、生活，更有针对性地学习和把握社会主义核心价值体系。因此，培育和践行北京精神，实际上是赋予社会主义核心价值体系建设以本土情境和实践内涵，推进了社会主义核心价值体系的具象化、大众化、生活化。

韩震教授认为，“北京精神是践行社会主义核心价值体系的体现。一个国家、一个民族、一个政党在长期的实践过程中必然形成一定的文化和价值观体系。在这个体系当中，具有核心义务、起主导和统领作用的就是核心价值体系。核心价值体系应该涵盖社会发展的指导思想，决定社会意识的性质和方向，影响人们的思想观念、思维方式和行为规范，引领社会的趋势。”❶

首都师范大学教授杨生平认为，“北京精神是社会主义核心价值体系的生动体现。首先，它明确了中国特色社会主义共同理想与价值目标。爱国既是北京精神的核心，也是创新、包容与厚德的基础。北京精神明确提

---

❶ 薄洁萍.如何凝练社会主义核心价值观——访北京师范大学副校长韩震[N].光明日报，2011-02-14.

出，爱国就是要爱社会主义中国，爱国就是要用实际行动参与到中国特色社会主义建设之中并为之做出积极贡献。其次，它凸显了创新这一社会主义核心价值体系的精髓。北京精神把创新放在一个十分重要的位置，明确提出要靠‘科技创新’与‘文化创新’双轮驱动推动整个北京经济、政治、文化与社会发展，建设中国特色社会主义世界城市，打造中国社会主义先进文化之都。最后，它彰显了社会主义荣辱观这一社会主义核心价值体系的基础。厚德就是要在社会主义核心价值体系的引领下，进一步挖掘与弘扬北京优秀的道德文化传统，并赋予尚礼、厚道、宽容、助人等传统美德及‘诚信、友爱、互助、奉献’社会主义道德新内涵。”❶

4. 关于北京精神与公民道德建设关系的研究

践行北京精神需要公民道德作为品质基础。历史不仅赋予了北京灿烂辉煌的文化遗产，也培育了北京市民文明有礼的优秀品德。也就是说，公民道德已经内化为北京精神的重要基础内容。

北京劳动保障职业学院马建民认为，“北京精神概括为‘爱国、创新、包容、厚德’。这种高度概括形式是把北京精神心理层面丰富的内容作了抽象的理性概括，把北京精神划分为四个基本方面。这四个基本方面高度统一，密不可分。它既属于道德层面，又是价值观范畴，也属于核心价值观范畴，都是具有全局性、根本性、长远性的精神，都具有继往开来的特点，它既与社会主义市场经济相适应，又与社会主义法律规范相协调，是中华民族传统美德与时代精神相结合的社会主义思想道德。必须高高举起，大力弘扬”❷。

北京市文化局局长陈冬曾提出，应“坚持把提炼、培育北京精神，作为践行社会主义核心价值体系的生动实践和公民道德建设的重要载体。北

❶ 北京精神：社会主义核心价值体系的生动体现[EB/OL]. 人民网 .http://theory.people.com.cn/GB/148980/16450761.html.

❷ 马建民 . 北京精神理念的产生及其重大意义[J]. 北京劳动保障职业学院学报，2012（1）：51–52..

京已迈入建设中国特色世界城市的新征程、新阶段，迫切需要强大的精神动力和巨大的智力支持。提炼、培育'北京精神'，就是进一步凝聚全市人民的智慧和力量，激发全市人民为首都科学发展贡献聪明才智，引导广大市民主动审视北京历史和北京城市特质，坚定市民所尊重和认同的价值取向和行为规范。公民道德建设是系统工程，北京市坚持把思想道德教育融入国民教育、党员教育之中，引导全市人民加强道德修养的同时，充分发挥制度强制、行政导向、舆论监督等方面的力量，构筑起全方位的道德建设网络"[1]。

二、国外研究现状

1.有关世界城市研究方面的论述

早在1889年，德国学者哥瑟就曾使用"世界城市"一词来描述当时的罗马和巴黎。1915年，苏格兰城市规划师格迪斯在其所著的《进化中的城市》一书中提出了世界城市（world city）的概念，指的是"世界最重要的商务活动绝大部分都须在其中进行的那些城市"。20世纪60年代以来，西方学术界开始对世界城市进行深入系统的研究。1966年，英国地理学家、规划师彼得·霍尔对这一概念作了进一步解释，认为世界城市专指对全世界城市或大多数国家发生全球性经济、政治、文化影响的国际第一流大城市。英国社会学家弗里德曼在1986年率先描绘了"世界城市"的主要特征，提出了"世界城市假设"的7个指标：主要的金融中心、跨国公司总部、国际性机构的集中度、商务服务部门的快速增长、重要制造业中心、主要的交通枢纽、人口规模。萨森、诺克斯和泰勒等学者对"世界城市"作了广泛的探讨，并将"世界城市"的概念引向新的方向。概括上述学者的分析，"世界城市"一般应具有以下五大特征。

---

[1] 陈冬.践行北京精神 建设首善之区[J].求是,2012(3):21-22.

第一，跨国公司和国际机构集中的所在地。跨国公司不受其母公司的影响，但对一个被作为跨国公司总部的东道主城市来说，将获得就业及跨国公司会议和商业方面的洽谈而吸引来众多客户等实惠。

第二，成为世界主要金融中心、贸易中心。国家和区域经济的国际化是“世界城市”形成和发展的必要条件。其本质表现为一个城市经济发展从地区分工走向国际分工，加入国际经济循环，对全球经济有较多的参与度和较强的竞争力。所以，“世界城市”必然要成为世界主要金融中心、贸易中心。

第三，成为一个区域（亚洲乃至亚太地区的）圈内的交通信息枢纽。“世界城市”不仅要大力发展信息产业和信息技术，拥有国际港口、国际航空港，成为世界航运中心，而且要与区域圈内的主要城市有明确的对应与互补关系。

第四，成为国际文化交流中心。“世界城市”不仅要拥有国际水准的科技、文化、教育设施和研究机构及相应的人才优势，而且要具有极强的文化吸纳能力，能把世界上最优秀的文化企业、文化机构、文化艺术品牌吸引和介绍进来，具有极强的辐射能力，能把属于原创力的自有文化辐射出去。

第五，集中体现城市所独有的人文文化、人文精神。美国城市社会学家R. E. 帕克曾说过：“城市决不仅仅是许多单个人的集合体，也不单单是各种社会设施，诸如街道、建筑物、电灯、电车、电话等的聚合体；城市也不只是各种服务部门和管理机构，如法庭、医院、学校、警察和各种民政机构人员等的简单聚集。城市是一种心理状态，是各种礼俗和传统构成的整体。换言之，城市绝非简单的物质现象，绝非简单的人工构筑物。城市已同其居民们的各种重要活动密切地联系在一起，它是自然的产物，而尤其是人类属性的产物。”城市作为“人类属性的产物”，其最根本的内涵是城市要符合人性化生存与发展，具有人文特色和人文精神。

由上述“世界城市”的五大特征可见，在全球化日益深入发展的背景下，一些经济、金融、贸易及交通信息发达的城市，均有机会成为“世界城市”。但是，资本的涌入，经济、金融、贸易的发展，GDP的增加，可以造就城市的繁荣与发展，但难以形成城市的人文特色、人文精神，更难以成为具有“全球性”意义和价值的“世界城市”。因此，“世界城市”既要着力于GDP增长，更要努力营造城市精神文化的真正优势——“人才”集聚、思想汇聚、文化交融、制度创新、形象再塑等人文文化、科学文化与城市精神的建设。因为城市的精神文化是城市人的精神象征、本质表征，也可以说是人类精神、终极价值追求在城市的表征。从这个意义上讲，“世界城市”的本质表征应是具有全球意义和影响力的城市精神。

2.有关城市精神研究方面的论述

一个国家、一个民族需要赖以生存和发展的精神支撑，一个城市同样需要一种维系城市生存和发展的精神纽带。美国现代哲学家路易斯·芒福德认为：“城市是一种特殊的构造，这种构造致密而紧凑，专门用来流传人类文明的成果。”[1]同时，城市在传承文明的过程中也在塑造着各自的城市精神文化。正如德国人克劳塞维茨所言，历史最能证明精神因素的价值和它们惊人的作用。纵观中外城市发展史，城市精神犹如一面旗帜，代表着一座城市和一个地区的整体形象，是一个城市所表现出来的价值取向和文化品格。当今经济全球化、文化多样化浪潮席卷全世界，世界各个城市都在全球化的进程中努力寻找自己在未来的世界格局中的地位，世界上众多的国家被迫或是主动地转向自己的历史和传统，寻求自身的文化特色。纵观当今世界上公认的、真正有魅力的国际性大城市，如纽约、伦敦、巴黎等都必定有着高度发达而颇具特色的城市精神。比如纽约的城市精神被

---

[1] 高东新.和谐思想与当代城市精神文化的建构[J].长安大学学报(社会科学版)，2010(4):65-70.

概括为“高度的融合力、卓越的创造力、强大的竞争力和非凡的应变力”；伦敦的城市精神被概括为“历史与现实的和谐统一；人和自然的和谐统一；不畏强暴，坚强不屈的英雄意志”；巴黎的城市精神被概括为“世界的时尚之都、浪漫之都、服饰之都和文化之都”；东京的城市精神为“干练、优雅、合作”。

城市精神是城市社会氛围的高度反映，城市精神是城市灿烂历史遗产的焕发，城市精神是城市特色的鲜明体现。作家巴尔扎克称巴黎为“城市中的皇后”，文学家利尔克认为“巴黎是一座无与伦比的城市”，恩格斯对巴黎的评价是“在这个城市里，欧洲的文明达到了登峰造极的地步”。此外，城市精神表达出城市所追求的更高境界。这种追求不一定是经济增长这种直接的目标，而是准确概括出被实践证明对经济社会文化发展具有重要推进作用的因素。

三、研究现状评析

综上所述，国内学界有关城市精神的研究还处于初级阶段，相关著作有限，其研究的广度和深度不够。但在论述北京精神的历史由来和现实维度上，专家、学者都更多地聚焦于这些文明的传承在当代的实现点上，落脚于城市精神与社会主义核心价值体系的统一、城市共性与北京个性的统一、城市特质与市民气质的统一、历史底蕴与未来愿景的统一。这一点既与社会主义核心价值体系的普遍要求相契合，又突出了北京的历史文化传统和现实发展特征，为本书的研究提供了一定的资料和条件。国内学界对于北京精神培育方面的深入研究也较为缺乏，对北京精神如何培育、路径选择方面的研究还很不够。特别是从思想政治教育的视野来系统深入地研究北京精神培育尚未所见。国外学界的研究成果以世界城市理论研究为主，世界城市理论的形成和发展与经济全球化进程密切相关，两者在时段上相吻合。世界城市是全球化时代的产物，对城市精神研究的深度也随着全球化的推进而不断深入。国外学界在城市精神方面的理论研究与实践均早于我国，他们认为城市瑰丽的历史文化沉淀与现代社会的发展要求的有机结合才孕育出城市精神，这对本书的研究有一定的参考和借鉴作用。但毕竟国情不同，历史文化和社会制度也不同。因此，我们要立足中国特别是北京的实际，在习近平新时代中国特色社会主义思想的指导下进行研究。

第二章　思想政治教育与北京精神培育之间的关系

第一节　北京精神培育与社会主义核心价值体系之间的关系

一、北京精神的提炼是构建社会主义核心价值体系的迫切需要

1. 培育北京精神是推进社会主义核心价值体系建设的重大战略举措

为了始终坚持马克思主义的指导地位，大力建设社会主义核心价值体系，我们必须推动当代中国马克思主义大众化。由此，我们必须切实把社会主义核心价值体系建设融入北京精神培育全过程，转化为人民的自觉追求。建设社会主义核心价值体系，必须激发民族传统文化的活力和新思想的创造力。当前，中国文化在国际社会仍缺乏话语权。鉴于此，中国应该重视国家核心利益的价值观层面，激发思想生产力。而培育北京精神，正是践行社会主义核心价值体系题中应有之义。

培育北京精神，是北京推进社会主义核心价值体系建设的重大战略举措，是发挥全国文化中心示范作用的重要体现。社会主义核心价值体系是兴国之魂，是社会主义先进文化的精髓。如果没有核心价值体系，一种文化就立不起来、强不起来，一个民族就没有赖以维系的精神纽带，一个国家就没有统一意志和共同行动。当前，对于我国来说，构建主流价值文化

就是要大力建设社会主义核心价值体系，并在此基础上进一步培育和弘扬社会主义核心价值观。同时，积极探索民族性、时代性、大众性的有效载体和表述方式，使社会主义核心价值体系和核心价值观的内容建设更加凸显感召力、传播形式更加富有亲和力，在春风化雨、润物无声的过程中浸润到人们日常的工作和学习生活中去，体现在社会行为和社会意识的方方面面。北京精神高扬了以爱国主义为核心的民族精神和以改革创新为核心的时代精神，贯穿着社会主义荣辱观所倡导的道德理想和价值规范，体现着社会主义核心价值体系的本质要求。北京精神的提出和培育，使北京人民能够在首都经济社会发展的大格局中，通过日常的工作、学习和生活，更有针对性地践行社会主义核心价值体系。因此，弘扬和践行北京精神，赋予了社会主义核心价值体系建设以本土情境和实践内涵，推进了社会主义核心价值体系的具象化、大众化和生活化。

北京精神体现了社会主义核心价值的根本要求。首先，作为北京精神核心的“爱国”，反映了北京市民心系国家发展、勇担时代使命的家园情怀，强调爱祖国、爱人民、爱中国共产党、爱社会主义，以实际行动推动首都科学发展、建设中国特色社会主义，彰显了中国特色社会主义的共同理想和价值目标。其次，“创新”作为北京精神的精髓，体现了北京市民与时俱进、积极进取的精神状态，凸显了以改革创新为核心的时代精神和社会主义核心价值体系的精髓。再次，北京精神把“包容”作为其特征，充分反映了北京的宽广胸怀和开放心态，深刻反映了北京海纳百川、博采众长的精神境界，体现了尊重差异、包容多样、和谐发展的科学理念。最后，作为北京精神品质的“厚德”，强调挖掘与弘扬北京优秀的道德文化传统，赋予尚礼、厚道、宽容、助人等传统美德以诚信、友爱、互助、奉献的社会主义道德新内涵，彰显了社会主义核心价值体系的基础。北京精神既体现了社会主义核心价值体系的崇高精神内涵，又与北京人民的精神气质、道德追求、生活态度有机结合；北京精神既与社会主义核心价值体系的普遍要求相契合，又突出了北京的历史文化传统和现实发展特征。“爱国、创新、包容、厚德”组成的北京精神丰富了社会主义核心价值体系的时代内涵，赋予了其地域特色，提供了其实践载体，是与社会主义核心价值体系一脉相承的城市精神，是北京这座城市的魂之所系、神之所在，是全体北京市民的基本道德规范和共同精神家园。

北京精神不是抽象的概念，它来自人民的实践，具有广泛的群众基础、鲜明的实践特征和明确的价值导向。北京精神表述语是由群众投票产生的，充分体现了广大市民对北京精神评选活动的热情参与、广泛关注和高度聚焦，也最直接、最生动地展示了北京精神的深厚群众基础。北京精神的本质和生命力就在于实践。北京精神的实践性是指它从实践中产生，在实践中得到检验和发展，并以指导首都改革和现代化建设的实践为目的和归宿。只有坚持从实践中来、到实践中去，把北京精神融入、贯穿于“人文北京、科技北京、绿色北京”和中国特色世界城市建设的伟大实践中，北京精神才能焕发出强大的生命力。这就要求全市人民都要认真弘扬和践行北京精神，把北京精神内化于心、外化于行，真正把“爱国、创新、包容、厚德”融入首都经济社会发展的各个领域、各个方面和全过程，在首都科学发展中发挥好北京精神的特殊作用，以北京精神来引领首都的建设和发展，凝聚推动首都科学发展、促进社会和谐稳定的强大力量，把精神力量真正转化成大众的实践。

由此，应当把社会主义核心价值体系融入北京精神全过程，深化对北京精神与社会主义核心价值体系之间关系的研究，明确社会主义核心价值体系对北京精神培育的要求，明确北京精神培育在社会主义核心价值体系建设中的作用，探索以社会主义核心价值体系引领北京精神培育的有效途径。当前，我国的改革发展已经进入关键时期，呈现出许多新的阶段性特征，社会思想观念和价值取向复杂多样，主流的与非主流的思想同时并存，先进的与落后的观念相互交织，思想引领的任务异常艰巨。在北京建设中国特色世界城市的进程中，面对经济全球化和文化多样化的巨大挑战，迫切需要我们赋予这座城市一个价值导向和精神坐标，否则就会在激烈的文化碰撞中迷失方向。“爱国、创新、包容、厚德”作为北京精神的主要内容，体现了首都所倡导和崇尚的价值追求和道德理想，树立起了全市人民的精神旗帜，其导向和引领作用尤为突出。弘扬北京精神就是要以爱国为指引，引领人们坚定不移地走中国特色社会主义道路，努力打造中国特色社会主义先进文化之都，为增强国家文化软实力、建设社会主义文化强国做出贡献；就是要以创新推动发展，加快转变首都经济发展方式，大力实施文化创新、科技创新的“双轮驱动”战略，积极推动首都向中国特色世界城市迈进；就是要以包容促进和谐，用海纳百川的胸怀与气度吸收和借鉴人类社会一切优秀文明成果，努力建设和谐社会的首善之区；就是要以厚德引领风尚，牢固树立和践行社会主义荣辱观，不断提升首都人民的文明素养和道德水平，彰显首都的人文关怀，向世界展示首都人民的文明风采。

2.践行北京精神为社会主义核心价值体系建设提供了新的实践方式

任何社会核心价值体系的形成都是文化传承和发展的结果。一个能为社会的大多数人所接受的主流文化有助于凝聚新的共识、形成新的价值观，甚至可以通过制定有效的政策来消化和解决目前所面临的各种社会问题。北京精神的表述语都是短句熟语，不高深复杂，为各种不同文化层次的人们所接受，富有感召力和说服力，便于普及，易于践行。“爱国、创新、包容、厚德”的价值与我们所积极倡导的社会主义核心价值观有机地结合在一起。任何精神都包含了特定的价值倾向，北京精神也不例外，不仅是客观描述当下的北京，更是着眼于未来的北京对当下现实“应当如何”做出价值引领。提倡什么、反对什么都能在北京精神中得到体现。可以说，北京精神在引导北京市民的思想观念、指引北京市民精神追求的方向上具有显著的价值导向作用。北京精神发挥着精神旗帜的作用，具有凝聚人心和引领北京社会发展前进的功能。

建设中国特色社会主义，实现中华民族的伟大复兴，是我们正在进行的伟大事业，是我们全体人民的共同理想。伟大事业需要并产生伟大的精神，同时，伟大的精神支撑和推动伟大的事业。北京精神是北京这座城市的精神，体现了北京人的独特精神风貌和性格品德。但在现实日常生活之中，北京精神自身并不是一个独立封闭的系统，而是一个开放的系统，城市与城市之间有着交流互动。因此，北京精神并非一朝一夕形成的，而是产生于生活实践的土壤中，是一种“活”的精神力量，其“活”体现在历史性与时代性的统一，以一种无形的力量渗透到人民的心里，成为行动的指南。它能有机整合分散的社会力量和不同的思想观点，使全市人民为了大局自觉地调控自己的行为，最终实现个体目标和集体目标的统一。在全面建设中国特色世界城市进程中，北京精神的激励和凝聚作用将会越来越突出，成为社会主义核心价值体系建设中不可或缺的一部分，践行北京精神将为社会主义核心价值体系建设提供新的实践方式。

北京精神的弘扬和培育，是构建社会主义核心价值体系的重要任务。践行北京精神不是哪个部门、哪个单位的责任，而是全市党政各部门、社会各方面都要广泛参与，以此强化弘扬和培育北京精神的意识。践行北京精神是提高全市市民综合素质的必然要求。一个城市的发展，不仅取决于经济和科技发展水平，更重要的是取决于人民的综合素质。北京精神正是北京市民综合素质的有机组成部分和集中体现。北京精神蕴含着中华文化的精华，是北京在世界城市之林展现城市形象的内在资源。汲取中华优秀传统美德也是北京建设世界城市的要求。弘扬北京精神，要将之纳入国民教育和精神文明建设的全过程。在国民教育中，学校是主阵地，家庭是起点，社会教育是大课堂。青少年是教育的重点，学校教育在实施北京精神教育时，要探索适合学生心理特点的教育形式，在丰富多彩的教育活动中寓教于乐；家庭教育则是把北京精神的教育寓于日常生活之中，渗透于青少年的日常行为之中，润物无声，潜移默化；社会教育是对全体国民进行北京精神教育的重要组成部分，这就需要全社会各方面的关心和支持。社会舆论和大众传媒要为弘扬北京精神积极营造浓郁氛围。思想文化阵地和精神文化产品及各类主题宣传教育、各类精神文明创建活动都要积极传播北京精神。

践行北京精神是社会主义精神文明建设的必然要求，是建设和谐社会的强大精神动力。弘扬北京精神既是社会主义精神文明建设的重要内容之一，又是社会主义精神文明建设的重要途径之一。弘扬北京精神与社会主义精神文明建设的价值取向是一致的，其都共同致力于中国特色社会主义事业和中华民族的伟大复兴。弘扬北京精神就是要把北京精神渗透在社会主义精神文明建设的各个方面和主要领域，紧密联系实际，取得明显实效。要在现实生活中充分利用北京精神的载体，如传统节日、纪念日、爱国主义教育基地等，以生动形象的教育手段开展教育活动；要注重受教育者的知行统一，做到把个人的全面发展、道德境界的提高与弘扬北京精神统一起来。同时，要注重制度建设，对弘扬北京精神进行整体规划与周密部署，构建相应的机制，防止只重形式而忽视内涵。在实际教育过程中，更要不断创新教育的形式和内容，特别要结合时代的变化和受教育者的特点，注重情境教学，寓教于情理，从而让北京精神成为北京市民和谐团结、共同奋斗的精神纽带。弘扬北京精神必将促进精神文明的发展，对和谐文化的发展具有巨大的推动作用。弘扬北京精神并非一朝一夕所能完成，也并非凭借一己之力即可实现，这是一个需要不断实施教育的过程，同时也是需要全市人民共同参与的过程。社会主义精神文明建设，社会主义文化的大发展大繁荣，社会主义核心价值体系建设等，这些都为北京精神的弘扬与培育创造着文化条件、整合了有效资源。在中国特色社会主义共同理想的感召下，在建设中国特色社会主义的过程中，北京精神必将鼓舞人们的斗志，为实现中华民族的伟大复兴而团结一心、努力奋斗。

二、社会主义核心价值体系的发展是弘扬北京精神的重要条件

1. 建设社会主义核心价值体系的重要意义

社会主义核心价值体系是立足于社会主义经济基础之上的价值认同系统，它涉及经济、政治、文化、思想等社会生活的方方面面，集中体现了社会主义意识形态的本质属性。党的十六届六中全会通过的《中共中央关于构建社会主义和谐社会若干重大问题的决定》，首次明确提出建设社会主义核心价值体系的重大命题和重要任务。社会主义核心价值体系的提出，是中国共产党理论创新的又一重大成果，是加强社会主义和谐文化、和谐社会建设的重大举措，对于巩固马克思主义在意识形态领域的指导地位，形成全民族奋发向上的精神力量和团结和睦的精神纽带，对于引领全体社会成员在思想上、道德上共同进步，对于我们深化对中国特色社会主义本质的认识，全面推进中国特色社会主义伟大事业，具有重要的理论和现实意义。

作为一个有机整体，社会主义核心价值体系有自己的灵魂、主题、精髓和基础。社会主义核心价值体系的灵魂提示我们：当代中国的马克思主义理论就是中国特色社会主义理论体系；没有马克思主义的指导，没有马克思主义中国化的最新成果的指导，就无法铸就全国各族人民的共同理想。社会主义核心价值体系的主题告诉我们：伟大的共同理想基于伟大的共同事业，离开建设中国特色社会主义的伟大实践，就不可能形成社会主义核心价值体系。社会主义核心价值体系的精髓启迪我们：中国特色社会主义的共同理想是中国各族人民民族精神和时代精神的统一，以改革创新为核心的时代精神已经深深地融入以爱国主义为核心的民族精神之中；弘扬和培育伟大的民族精神和时代精神，是建设中国特色社会主义的精神支柱和力量源泉。一句话，社会主义核心价值体系是社会主义意识形态的本

质体现。建设社会主义核心价值体系，有利于增强社会主义意识形态的吸引力和凝聚力，有利于提高中国特色社会主义理论体系的号召力和影响力，有利于巩固马克思主义的指导地位。

第一，社会主义核心价值体系是动员中国人民走中国特色社会主义道路、建设中国特色社会主义的力量源泉。特定的价值观念是特定社会关系的反映，而核心价值是这个社会中占主导地位的价值观念，具有明显的意识形态的导向性。不同社会的核心价值体系反映着不同的社会理想和社会追求。要巩固马克思主义的指导地位，就必须坚持不懈地用马克思主义中国化最新成果武装全党、教育人民，用中国特色社会主义共同理想凝聚力量，用以爱国主义为核心的民族精神和以改革创新为核心的时代精神鼓舞斗志，用社会主义荣辱观引领风尚，巩固全党全国各族人民团结奋斗的共同思想基础。核心价值体系是社会意识的本质体现，决定着社会意识的性质和方向。社会主义核心价值体系是与当代中国的社会主义基本制度和根本性质紧密联系在一起的，集中体现了中国特色社会主义经济、政治、文化和社会发展的内在规定、基本要求和目标取向。因此，社会主义核心价值体系就成为一种伟大的精神力量，鼓舞人们在中国特色社会主义道路上奋勇前进。

第二，社会主义核心价值体系是增强民族认同感，团结全国各族人民为实现中华民族伟大复兴而奋斗的精神支柱。一个民族、一个国家、一个社会的价值观念及其核心价值体系的形成和发展，都是基于一定时空体系内发展的民族、国家和社会的历史性和时代性的反映，同时以理想的形态引导、塑造着这个民族、国家和社会的历史发展进程。随着中国社会发展进程的深入，越来越多的人认识到：只有经济发展是不够的，必须伴之以一种具有强大凝聚力的文化认同力量，这种文化力量应该是与经济创造力相辅相成的。这种凝聚人民、动员人民、激发人民创造力的文化力量，就是我们所说的核心价值观念、民族精神和时代精神。历史的经验告诉我们，共同的价值观念是集体生活的前提和条件。共同的价值规范可以促进个体彼此照顾，形成共同目标，采取共同行动。没有共同的价值体系，就没有再生的社会共同体。显然，一定的核心价值体系是一定的民族国家内部力量整合的必需的要素：它不仅须臾不可缺少，而且其内在的性质也影响着一个民族、一个国家现实的发展进程。现代社会是高度分化的社会，不同的分工形成不同的利益诉求。在这种情况下，一方面，我们必须尊重人民群众的利益差异和文化差异，引领、改造、提升、整合不同的社会观念；另一方面，我们必须坚持社会主义核心价值体系的主导地位，因为它集中体现了全国各民族人民的共同理想、文化认同和价值追求。

第三，社会主义核心价值体系是引领全体社会成员在思想上、道德上共同进步，不断提高中华民族整体素质的理想范式。社会主义核心价值体系的基础要求我们：社会主义社会应该是物质文明、政治文明，精神文明、社会文明和生态文明协调发展的社会；没有良好的道德规范，就无法实现社会的和谐发展。社会主义荣辱观与社会主义市场经济体制相适应，与社会主义法律规范相协调，与中华民族传统美德相承接，与人类文明发展趋势相一致，集中体现了社会主义道德规范和行为规范的基本要求，是中国特色社会主义事业和谐发展的基本保证。为此，我们必须大力弘扬爱国主义、集体主义、社会主义思想，以增强诚信意识为重点，加强社会公德、职业道德、家庭美德、个人品德建设，发挥道德模范榜样作用，引导人们自觉履行法定义务、社会责任、家庭责任。加强和改进思想政治工作，注重人文关怀和心理疏导，用正确方式处理人际关系。动员社会各方面共同开展青少年思想道德教育工作，为青少年健康成长创造良好的社会环境。深入开展群众性精神文明创建活动，完善社会志愿服务体系，形成男女平等、尊老爱幼、互爱互助、见义勇为的社会风尚。

第四，社会主义核心价值体系是引导全国各族人民团结互助构建和谐社会的思想基础。社会主义核心价值体系是建设和谐文化的根本，它对文化建设、社会进步、人的发展发挥着引领和主导的作用。构建和谐文化，是构建社会主义和谐社会的重要任务。社会主义核心价值体系是维系社会健康协调运转的精神纽带、推动社会不断发展的精神动力、指引社会前进方向的精神旗帜。我们必须坚持马克思主义在意识形态领域的指导地位，牢牢把握社会主义先进文化的前进方向，弘扬民族优秀文化传统，借鉴人类有益文明成果，倡导和谐理念，培育和谐精神，进一步形成全社会普遍认同的共同理想信念和道德规范，打牢全党全国各族人民团结奋斗的思想道德基础。为了构建社会主义和谐社会，我们要坚持以社会主义核心价值体系引领社会思潮，在尊重差异、包容多样的基础上，最大限度地形成社会思想共识。同时，我们不仅应该鼓励人们树立团队精神，而且也应该鼓励人们更广泛地交往。只有这样，我们才能不断拓展自己的视野，磨砺自己的智慧，拓宽自己的生活空间，推进自己的思考深度。

第五，社会主义核心价值体系是中国特色社会主义文化的灵魂，是提高社会主义中国文化软实力的根本基石，和谐文化是中华民族对人类社会的伟大贡献。对内我们构建和谐社会，实现祖国的和平统一、繁荣富强；对外我们主张和平发展，实行平等交往、互惠互利。目前，在经济全球化和各种思想文化思潮相互激荡的情形下，在国际交往中，我们应该在相互尊重、和平共处、共同发展的基础上，提高我们民族文化和中国特色社会主义价值体系的影响力。这就是说，在和平发展的进程中，我们不仅要发展自己的硬实力，也要发展自己的软实力。发展软实力既可以增强内部凝聚力，形成强大的文化认同感，也可以缓解外界对我们的硬实力发展的不利反应，为硬实力的发展创造良好的条件。同时，软实力本身就是综合国力和影响力的重要组成部分。自古以来，中华民族的优秀文化就深深熔铸在以爱国主义为核心的团结统一、爱好和平、勤劳勇敢、自强不息的伟大民族精神之中，并且孕育了具有中华民族独特意识、品格和气质的价值观念体系。民族精神或一个民族的价值追求是对现实创造性活动的引领和反映，它必然对特殊的时代性问题做出回应，从而必然带有一定历史时代的烙印。只有反映时代性特征和要求的文化，才能有时代性的影响力，才能形成现实的文化力。当代中国的软实力建设，有赖于中国特色社会主义核心价值体系的内在品质和外部感召力。

尤其值得注意的是，我国的改革是一场深刻的革命，已经并将继续给我国社会带来深刻变革，是全球化进程中尤其引人关注的复杂历史过程。在这个历史过程中，我国社会经济成分、组织形式、就业方式、分配方式和利益关系日趋多样化，人们思想活动的独立性、选择性、多变性和差异性不断增强，社会思想空前活跃，人们的价值取向也呈现出多样化趋势。一方面，在改革开放和现代化建设伟大实践的推动下，经过全党全国人民的共同努力，马克思主义在创新中不断发展，与社会主义市场经济相适应的思想道德体系逐步形成，社会意识形态领域积极、健康、进步的主流在发展；另一方面，在国际国内各种因素影响下，非马克思主义甚至反马克思主义的意识形态也有所滋长，封建主义残余思想包括封建迷信、愚昧落后的思想意识沉渣泛起，国外资本主义的腐朽思想观念也乘虚而入，各种思想文化相互交融、相互激荡的现象十分突出。特别要看到，世界范围内社会主义和资本主义在意识形态领域的斗争和较量还是长期的、复杂的，有时甚至是非常尖锐的。我国作为世界上最大的社会主义国家，将长期面对激烈的国际文化竞争，特别是面对西方资本主义国家传播其意识形态、进行文化扩张和思想渗透的压力。在经济体制深刻变革、社会结构深刻变动、利益格局深刻调整、思想观念深刻变化的新形势下，在思想大活跃、观念大碰撞、文化大交融的时代背景下建设社会主义核心价值体系，具有极强的现实针对性和极大的理论与实践意义。

2. 社会主义核心价值体系是北京精神的方向和灵魂

一个社会的精神旗帜是引领这个社会的所有成员奋然前进，为了理想而努力的指路灯塔。有了这面精神旗帜，整个社会才有目标和方向，才能将整个社会凝聚为一个合力，不断将社会各项事业推向前进，不断向社会主义和谐社会的理想靠近。一定社会的意识形态领域往往包含有多种价值追求，同时又要在多样化的思想文化生活中树立主导性的核心价值体系。只有坚持以社会主义核心价值体系引领社会思潮，尊重差异、包容多样，才能最大限度地形成社会思想共识。也就是说，社会主义核心价值体系既凸显其主导性，又倡导包容性。社会主义核心价值体系能够有效地引导和制约非核心的社会价值体系作用的发挥，保障社会经济制度、政治制度、文化制度的稳定和发展。当然，主导性和多样性的统一，并不是说可以不分良莠、不辨是非，而是要通过社会主义核心价值体系来辨别是非，并引导、协调、整合其他价值观念。同样，辨别、引导、协调、整合其他价值观念，也并不是要消除价值观在内容和层次上的差异。主导性与包容性的统一，使社会主义核心价值体系既能引领中国发展的前进方向，又能赢得全社会广泛的认同，从而形成全民族团结和睦、奋发向上的精神力量。社会主义核心价值体系为中国特色社会主义的发展指明了奋斗目标。

社会主义核心价值体系是实现首都科学发展和社会和谐的精神保证，是北京精神的方向和灵魂，有助于凝聚力量、激发活力。以爱国主义为核心的民族精神，是社会主义核心价值体系的基本内涵之一。民族精神具有展现民族成员共同认同的世界观、人生观、价值观及共同遵循的思维方式和行为方式的重要功能，具有对内动员和凝聚民族力量，对外展示和树立民族形象的重要功能。民族精神的形成是一个民族成熟的重要标志。民族精神是一个动态的系统，随着社会的发展和时代的变化而不断丰富和完善，它是民族的守护神，在一定意义上决定着民族的生死存亡。中华民族五千多年的历史发展中，爱国是中华民族精神的主旋律，是贯穿中华民族精神形成和发展过程的一条极其鲜明而清晰的主线。所有中华民族精神的内涵都是紧紧围绕着这一主线而丰富和发展的，各种民族精神现象都建立在爱国情结这一共同点上、这一鲜活的国魂上。民族精神和时代精神都已深深熔铸在民族的生命力、创造力和凝聚力之中，成为社会主义核心价值体系中不可分割的重要组成部分，成为凝聚力量、激发活力、成就伟业的精神支撑。只有以社会主义核心价值体系为指导，才能保证北京精神培育沿着正确的方向前进，才能保证北京精神培育取得实际成效。只有抓住社会主义核心价值体系这个根本，才能树立“爱国、创新、包容、厚德”的理念，最大限度地增强北京精神的归属感和向心力，形成全体北京市民奋发向上的精神力量和团结和谐的精神纽带。当代中国马克思主义鲜明的实践特色、民族特色、时代特色，必然赋予社会主义核心价值体系以鲜明的实践特色、民族特色、时代特色。马克思主义和社会主义核心价值体系都具有与时俱进的品格。社会主义核心价值体系只有在创造中才能展现其魅力和活力，中华民族的民族精神只有在创新中才能体现其世界性的价值。我们的指导思想和核心价值体系，只有同时植根于历史传统并符合时代要求，才能成为动员整个民族为中华民族的伟大复兴而共同奋斗的精神动力和凝聚力量。

三、北京精神培育与社会主义核心价值体系建设相互促进

社会主义核心价值体系与北京精神培育统一于社会主义意识形态建设，在互动中共同发展。社会主义核心价值体系与北京精神培育之间，不是社会主义核心价值体系单向作用于北京精神培育，对北京精神培育产生影响的过程，也不是北京精神培育单向作用于社会主义核心价值体系，对社会主义核心价值体系产生影响的过程，而是双向互动、共同发展的过程。一方面，北京精神培育从社会主义核心价值体系中吸收自身发展的营养，促进北京精神培育向前发展；另一方面，北京精神培育推动社会主义核心价值体系建设，使社会主义核心价值体系融入北京精神培育中去，转化为北京市民的自觉追求。

要把北京精神培育融入社会主义核心价值体系建设中去成为社会主义核心价值体系建设的重要载体和外在体现。当前，北京精神培育必须集中体现社会主义核心价值体系的精神实质、主要内容和基本要求，社会主义核心价值体系建设是北京精神培育的核心。我们不仅要通过北京精神培育来引导、促进社会主义核心价值观念的逐步形成，还要以社会主义核心价值体系的落实和贯彻作为检验北京精神培育效果的标准。用社会主义核心价值体系指导和统领北京精神培育，整合社会资源，创造有利于适合社会主义核心价值体系建设的精神文化氛围。加强社会主义核心价值体系建设，特别要积极倡导"爱国、创新、包容、厚德"的价值取向，把北京精神作为推进社会主义核心价值体系建设的抓手。要努力传播，让广大北京市民亲身体悟，使北京精神入脑入心化行动，成为人民群众自觉追求的价值。

要把北京精神培育融入社会主义核心价值体系建设中去，充分挖掘北京精神中所蕴含的促进社会主义核心价值体系建设的积极因素。北京精神明确了中国特色社会主义共同理想与价值目标，在北京精神培育的过程中，我们应当充分认识"爱国、创新、包容、厚德"在普及社会主义核心价值体系中的重要价值和力量，紧密结合当前北京的社会文化实际，培育既有民族性又有时代性的当代核心价值观，推动全体北京市民自觉践行社会主义核心价值体系，成为爱祖国、重创新、知包容、有厚德的社会主义合格公民。

要把北京精神培育融入社会主义核心价值体系建设中去，增强全体市民对北京精神的认同感和亲切感，扩大北京精神的影响力。群众性精神文明创建活动是否成功，一个最重要的检验标准就是群众在这一活动中显现出来的参与热情与参与程度。只有通过群众欢迎和社会认可的精神文明创建活动，才能让北京精神在群众中落地生根。以制度化、常态化、规范化的群众性精神文明创建活动为载体，可以为北京精神培育提供稳定持久的制度支持。以形式多样的群众性精神文明创建活动为载体，可以拉近北京精神与人民群众的距离，增强北京精神自身的吸引力。从广泛开展“讲文明、树新风”活动到精心组织全国道德模范学习宣传，从大力推进社会志愿服务到深入开展未成年人思想道德建设，从创建文明村镇到大力推进创建文明单位活动，从组织爱国歌曲大家唱到开展“我们的节日”等一系列由表及里、层层深入的活动，让更多市民参与投入弘扬北京精神、建设社会主义核心价值体系实践中去，由此激发市民广泛的参与热情，获得越来越大的社会影响力。

要把北京精神培育融入社会主义核心价值体系建设中去，重视大众传媒的力量，弘扬主旋律，提倡多样化，使精神文化产品和社会文化生活更加丰富多彩，加大马克思主义大众化精品力作的生产。报纸、广播、电视、互联网等大众传媒是社会主义核心价值体系建设的重要载体，是意识形态宣传的重要阵地。在推广社会主义核心价值体系的过程中，作为社会主流舆论的代表，大众传媒可以行使对社会成员的价值观念及其言行的监督功能。通过将非主流的价值观念和行为置于大众的视野和舆论压力之下，来矫正人们的错误价值观，消除价值观建设中的不和谐因素。新媒体的发展为北京精神的传播提供了新的途径，在各种形式的大众传媒中，如果说报纸、广播、电视是少部分人发表言论的地方，互联网则是一个人人可以最大限度发表“网言网语”的平台，政府可以通过网络及时了解社情民意，在社会主义核心价值体系建设中应高度重视其对北京精神推广的独特作用。加强北京精神培育，立足当代实践，传承优秀民族文化，借鉴世界文明成果，反映人民主体地位和现实生活，提高文化产品质量，必须创作生产更多思想深刻、艺术精湛、群众喜闻乐见的精神文化产品。这些文化精品往往是以“润物无声”的方式影响着社会成员的思想意识、价值判断和行为规范。古人云：文以载道。北京精神的精神要义之“道”要通过优秀的精神文化产品来传播和体现。加强北京精神培育无疑需要一批弘扬北京精神的精品力作，尤其需要用群众看得懂的语言谈贴近群众生活的事儿才能深受群众的欢迎。

第二节　北京精神培育与公民道德建设之间的关系

一、北京精神培育是推进公民道德建设的有利契机

1.熔铸北京精神成为首都市民共有的道德规范

北京精神培育不仅为公民道德建设提供了良好的前提，而且为公民道德建设创造了良好的环境。社会公德、职业道德、家庭美德、个人品德四者相辅相成，共同构成公民基本的道德范畴。弘扬和践行北京精神，应努力将其培育成为首都市民共有的道德规范，凝聚成为全体市民自觉追求的价值目标。在社会转型期，利益主体的多元化必然带来人们目标取向的多元化。只有在崇高精神引领下的物质财富和精神文化的繁荣才能实现，这种崇高精神将生成一种以思想、精神、道德和信仰为支点的人生观与价值观，并由此外化为人们美好的生活愿景和高尚的行为自觉。

践行北京精神，就要发挥其在社会公德建设中的思想基石和道德引领作用。社会公德简称“公德”，是指在人类长期社会实践中逐渐形成的、每个社会公民在履行社会义务或涉及社会公众利益的活动中应当遵循的道德准则，它本质上是一个国家、一个民族、一个群体在历史发展中，在社会实践活动中积淀下来的道德准则、文化观念和思想传统。它对维系社会公共生活和调整人与人之间的关系具有重要作用。与“私德”相对，“公德”是指与国家、组织、集体、民族、社会等有关的道德；而“私德”则指个人品德、作风、习惯及个人私生活中的道德。社会公德是透视社会文明的窗口，是公民道德建设的着力点。弘扬和践行“爱国、创新、包容、

厚德”的北京精神，应发挥其在社会公德建设中的思想基石和道德引领作用，让全体首都市民认识到爱国爱市、尊重创新、开放包容、厚德载物是新时代首都最重要、最核心的社会公德，让每个社会成员认识到应该用北京精神培育社会公德，自觉承担社会责任，遵循体现社会群体利益和他人利益的公共规范，这样有利于形成公民道德建设的合力。

践行北京精神，就要发挥其在职业道德建设中的职场净化和行业规范作用。职业道德是指人们在职业生涯中应遵循的基本道德，即一般社会道德在职业生涯中的具体体现，是职业品德、职业纪律、专业胜任能力及职业责任等的总称。职业道德既是本行业人员在职业活动中的行为规范，又是行业对社会所负的道德责任和义务。职业道德与各种职业要求和职业生活结合，具有较强的稳定性和连续性，形成比较稳定的职业心理和职业习惯，从而在很大程度上改变人们在学校生活阶段和少年生活阶段所形成的品行，影响人们的道德风貌。首都的政治、经济、社会、文化、生态建设，必须依靠每个具备良好职业道德的社会从业者，特别是要具备爱国爱岗、敬业创新、奉献包容、诚信厚德的职业道德和职业精神。职业道德是社会主义先进文化和“国家文化中心”建设的职场精神力量，弘扬和践行北京精神，应努力发挥其在职业道德建设中的职场净化和行业规范作用。

践行北京精神，就要发挥其在家庭美德建设中的和谐亲情和健全伦理作用。家庭是社会的细胞，家庭和谐是社会和谐的基础。家庭美德属于家庭道德范畴，是指每个公民在家庭生活中应该遵循的基本行为准则。它涵盖了夫妻、长幼、邻里之间的关系。家庭美德包括关于家庭的道德观念、道德规范和道德品质。家庭美德是调节家庭成员之间，即调节夫妻配偶、父母子女、兄弟姐妹、长辈晚辈、邻里之间，以及家庭与国家、社会、集体之间关系的良好道德规范。在家庭生活中，每个成员都要关心家庭这个小集体，共同管理好家庭，个人利益服从家庭的整体利益。每个家庭成员都要加强道德修养，努力建设美满、和谐、幸福的家庭。“爱国、创新、包容、厚德”不仅是社会公德和职业道德建设的道德指针，也是家庭美德建设的道德指南。爱国爱家，创新兴家，包容成家，厚德传家。尊老爱幼、父慈子孝、兄友弟恭、和睦邻里等作为美好的人类亲情是永恒的。弘扬和践行北京精神，应努力发挥其在家庭美德建设中的融洽亲情和健全伦理作用。

践行北京精神，就要发挥其在个人品德建设中的人格塑造和精神感召作用。个人品德主要是指个人依据一定的道德行为准则在行动中所表现出来的稳定的心理特征及价值取向，是个人道德自觉的结晶，也是社会道德规范、道德原则在个人身上的综合体现，涵盖道德认知、道德情感、道德行为、道德意志等各个方面。良好的个人品德是社会公德、职业道德、家庭美德的基础，有利于奠定全社会道德建设的基础。个人品德的形成一般经过学习、自省、践行三个过程。学习是人们增强道德认识、提升道德境界的主要途径；反省是外在道德规范内化于心的必经之路，学会自省是道德主体成熟的表现；当一个人具有了道德认知，就会在实践中躬身践行。文化的力量，归根到底还是精神道德的力量。弘扬和践行北京精神，应充分发挥其在个人品德建设中的人格塑造和精神感召作用，用“爱国、创新、包容、厚德”引领每个首都市民的个人品德建设，以此提升整个城市的思想道德境界。

值得注意的是，随着改革开放和现代化建设的深入推进，首都人民的物质生活水平持续提高，精神文化需求日趋多样化，关注和参与政治、经济、社会、文化、生态文明建设的热情空前高涨，物质和文化消费进入快速增长期。但也要看到，人们对于各种各样复杂的社会思潮还难以辨别优劣，这就要求我们必须大力弘扬和践行北京精神，用崇高的道德理想和精神追求去引领人们的思想，立场坚定、旗帜鲜明地大力倡导爱国主义、集体主义、奉献精神、创新精神等先进社会思潮。充分激发全体市民的物质和文化的创造活力，满足人们多样化的物质和文化需求，提升人民群众的生活质量和幸福指数。要积极探索用北京精神引领社会思潮的有效途径，抵制各种错误和腐朽思想的影响，构建传承中华传统美德、符合首都社会主义精神文明建设要求、适应社会主义市场经济的道德准则和行为规范，努力提高全体市民的思想道德素质和科学文化素质，使人们的精神世界更加充实、文化生活更加丰富多彩。

2.培育北京精神成为首都市民的行为准则

人的行为准则，可粗略分为“应该”型和“不能”型两大类。“应该”就是人类主体在众多事物中选择具有最大正向价值效应的事物的实际过程。“应该”型行为准则的价值本质就是选择和实施能够产生最大正向价值效应的行为准则，即主体行为所必须达到的价值高度。弘扬和践行北京精神，就是要在全体首都市民中确立“爱国、创新、包容、厚德”为较高层级的“应该”型行为准则。

国家公民最高的道德准则是爱国，爱国是公民各项行为的前提。北京是全国政治、文化中心，是首善之地，爱国当然应该成为北京精神的第一要义。在很大程度上，首都北京成为外界了解中国的窗口，成为中国形象的浓缩和代表。因此，首都市民理所当然应该成为爱国先锋，首都市民的一言一行都应从为国争光这一基本点出发，把爱国之情贯彻落实到日常工作和生活之中。

一个国家、一个民族、一座城市要想立于不败之地，就必须勇于改革，推陈出新。创新是发展的动力，也是时代的要求，尤其在现代科技日新月异的今天，创新显得尤为重要。北京作为国家首都，其发展的高度和程度代表着国家发展的高度和程度；北京精神作为中国首都的城市精神，必然代表着中国现阶段发展的时代精神，而创新正是当下的时代精神。因此，创新应当成为首都市民较高层级的“应该”型行为准则，首都市民“应该”成为创新楷模。

随着现代化进程的日益加快，北京这座古老的城市正朝着建设中国特色世界城市的目标不断迈进。从历史上的民族融合型城市到现在的国际交汇型都市，北京势必要进一步营造包容和谐的社会氛围。全球化的飞速发展，将北京与世界紧密相连。因此，首都市民更加需要具备海纳百川、博采众长的胸襟和气度，有包容多样、和而不同的精神境界。要学习借鉴人类社会一切优秀文明成果，使包容这种“应该”型行为准则成为每个首都市民的行为标准。北京历史上就是厚德之城。北京厚德的精神品格是在长期的历史发展中形成的，首善、崇文、尚礼、厚道、宽容、助人也是北京人代代相传的优良传统，这些都是北京厚德精神的具体体现。历史上，北京的厚德主要体现在“首善”“崇文”及“尚礼”等方面。今天，以为人民服务为核心，以集体主义为原则，以爱祖国、爱人民、爱劳动、爱科学、爱社会主义为基本要求，与社会主义市场经济相适应，与社会主义法律体系相配套的社会主义道德体系，极大地丰富和提升了北京精神中厚德的内涵，成为全体市民新的道德追求。弘扬和践行北京精神，就是要在全体首都市民中确立厚德为较高层级的“应该”型行为准则，向世界展示首都市民良好的精神风貌。

应该正视的是，目前社会上仍然存在一些因循守旧、封闭狭隘、少德失德的现象，作为首都市民，应该分清是非、与之斗争。从我做起，从现在做起，从身边的小事做起。“勿以善小而不为，勿以恶小而为之。”让人们在实践中弘扬和践行北京精神，不断提高市民素质和社会文明程度，发挥广大市民在弘扬和践行北京精神活动中的主人翁作用，就能将北京精神不断深化、细化，落地、落实，形成全体市民的共同行为准则。

二、公民道德建设是深化北京精神培育的重要内容

北京精神与公民道德建设之间有着密切的关系与内在的统一性。北京精神是核心，更是统领。公民道德建设发展有助于北京精神的建设，而北

京精神的践行也要依靠公民道德建设。北京精神培育是对公民道德建设的丰富和拓展，公民道德建设是深化北京精神培育的重要方面和重要内容。提升北京文化品格，塑造北京的城市精神，很大程度上要依靠公民道德建设的支持。北京精神与公民道德建设结合起来，对于落实《公民道德建设实施纲要》，推进公民道德建设，提升公民道德素质具有重要的现实作用。党的十九大报告明确指出："深入实施公民道德建设工程，推动社会公德、职业道德、家庭美德、个人品德建设，激励人们向上向善、孝老爱亲、忠于祖国、忠于人民。"公民道德指公民个体在社会公共生活中所需要遵循的各种行为标准，是从道德层面调整社会成员间伦理关系与行为规范的总和，是最基本的道德标准，是公民基本道德素质的体现，是社会公德、家庭美德与职业道德的基础，具有权利与义务的对等性。公民道德建设是当前全党和全国人民的一项重大而艰巨的任务，是贯彻"以德治国"重要思想的一个具体举措。

就内涵而言，北京精神培育与公民道德建设互为一体，共同构成北京城市发展新战略，为北京这座城市未来发展给予了明确定位。社会公德作为社会道德体系中的基本道德，发挥着基础性作用，是社会主义道德建设最重要的"着力点"，是全体公民在社会交往和公共生活中应该遵循的准则，涵盖了人与人、人与社会、人与自然之间的关系。作为公民道德建设的重要着力点，正确认识并提升社会公德对于提高公民道德水平和民族素质的意义和作用是一个重要课题。[1]职业道德涵盖了所有从业人员与服务对象、职业与职工、职业与职业之间的关系。家庭美德是每个公民在家庭生活中应该遵循的行为准则，涵盖了夫妻、长幼、邻里之间的关系。北京精神不是抽象不可捉摸的幻象，当然也不能孤立地存在，而是存在于主体及其实践之中。

北京市民需要进一步提高自觉守法、遵守规则的素质，提高社会公德

---

[1] 公民道德课题组. 公民道德修养手册[M]. 北京：红旗出版社，2001：146.

水准和文明行为习惯，构建文明健康的生活方式，以及人际和谐的家庭、社区生活氛围。当前，北京社会公德建设的主流是好的、健康向上的，但仍然存在不少亟待解决的问题。违背社会公德现象时有发生，主要原因有以下几点：第一，管理方面：一是管理制度不完善或规则不合理；二是管理措施执行不力；三是公共生活设施不完备或设计时为使用者考虑得不周全。第二，个人修养：一是公德意识不够；二是对公对私的标准不一样；三是公德行为不能自觉化。第三，整个社会的道德观和价值观有偏斜。第四，舆论压力不够。第五，教育不到位。综观上述原因，不难得出结论，要想在全社会范围内有效地提高公德水平，规范和养成良好的行为习惯，约束和制止不文明行为，形成扶正祛邪、扬善惩恶的良好社会风气，必须综合运用教育、法律、行政、舆论等多种手段。有效提高公德水平的办法为：提高个人修养，人人管好自己；加大惩罚力度；加强社会舆论的导向和监督作用；对不同人群有针对性地加强德育教育。那么，如何结合实际提高社会公德水平，进一步推动北京市的公民道德建设？可以从以下方面着手。

第一，社会公德与党的建设。社会公德建设是一个自上而下倡导、自下而上发展的过程，必须有党的强有力的领导。只有党的强有力的领导，才能为社会公德建设制定正确的方针政策和发展战略，提供有力的组织保证和物质保证。各级党政组织要建立健全社会公德建设的领导责任制，建立健全社会公德建设的目标管理体制，通过严格的检查和考核制度，使社会公德建设的各项任务有步骤、有计划地得到落实。各级党委主要领导要经常听取有关方面社会公德建设情况的汇报，及时解决社会公德建设中出现的问题，积极为社会公德建设创造各种有利条件。社会公德教育要以发挥党政干部的表率作用为核心。党政干部的行为不仅影响着公众的道德认识，而且左右着人们的实际行为。只有抓住党政干部的公德表率这个核心，全社会的公德建设才能上一个新水平。

第二，社会公德与公德教育。提高公民道德素质，教育是基础。加强社会公德教育，通过摆事实、讲道理，可以使受教育者明辨是非曲直、识别善恶美丑。要大力宣传和倡导社会公德，开展全方位的社会公德教育。公德意识是社会成员对社会公德的认知与了解及达到的程度，有无正确的公德意识是构成社会公德素质的基本条件。社会公德教育要以科学文化教育为支撑，从根本上改善和提高社会成员的文化精神素质。社会公德教育要以青少年为重点。从青少年的生理心理特点来看，青少年期正是世界观、人生观、价值观形成时期，思想可塑性强，在这个时期加强社会公德教育，有利于培养他们正确的思想道德观念，增强遵守社会公德的自觉性。从目前社会公德的现状来看，青少年违反社会公德的情况确实让人担忧。家庭是青少年接受道德教育最早的地方，社会公德必须从小开始培养，从娃娃抓起，教育孩子们从小就懂得遵守社会公德、维持公共秩序、积极保护环境的重要性，充分发挥家庭在公民社会公德养成过程中的重要作用。学校是进行系统道德教育的重要阵地，学校在全面推进素质教育的过程中，要把教书与育人紧密结合，加强校风校纪建设，认真贯彻学生日常行为规范，把教育与管理相结合，发挥教师为人师表的示范作用。此外，还要发挥机关、企事业单位及社会大课堂在公德建设上的教育作用，把家庭教育、学校教育、单位教育和社会教育紧密结合起来，形成合力，促进全社会公民社会公德水平的全面提升。

第三，社会公德与法制建设。要巩固社会公德教育的效果，必须进一步健全和完善维护社会公德方面的法规制度，以法制建设为保障，以完善的制度和规则，甚至是法律法规的形式来规范人们的行为。教育并不是万能的，在进行社会公德教育的同时，还必须辅以法律手段，对违反社会公德的行为实施法律的制裁。在现实生活中，道德不能代替法律，法律也不能代替道德，道德与法律必须相辅相成，达到两者的和谐统一。社会公德教育的效果，离不开法纪手段的保证。如果法律健全、制度完善、纪律严明，则社会公德规范的约束力也就相应增强，人们遵守社会公德的自觉性也就会越高。反之，如果制度漏洞百出、法律和纪律监督不力，那么，社会公德教育搞得再好，其作用也难以充分发挥。公民的道德习惯的养成并不是一朝一夕，而是一个长期渐进的过程。因此，还必须将社会公德教育的目标、任务、内容、方式等纳入规章制度的建立健全之中，使人们的道德行为在制度、规章和道德守则中受到制约和激励，在践履中得到规范和张扬。我们要不断完善各种制度和规则，使公德建设逐步走向法制化。当出现违背社会公德的行为时，做到轻则有规则可循，重则有法可依。只有有法可依，有章可循，才能促成社会风气的好转。可以说，我国社会主义初级阶段，要克服社会公德建设中所出现的诸多弊端与丑恶现象，建立和完善社会赏罚机制是非常必要的。

第四，社会公德与社会舆论。舆论的作用是法律法规所不能取代的，好的舆论氛围是社会公德建设的重要保障，因而必须加强社会舆论的监督导向作用，让社会舆论成为道德建设的有力武器，用“道德法庭”支持社会公德建设。

社会舆论扬善惩恶的作用是通过电视、报纸、杂志等传播媒体进行广泛传播的。一方面，使善人善事妇孺皆知，这种宣传和传播是对善行的道德价值所作出的肯定性评价和赞赏，因而也是一种社会荣誉。另一方面，对恶人恶事通过大众媒体进行广泛的揭露和批评，形成强大舆论攻势，不仅能激发行为者的知耻心和耻辱感，而且能使社会大众深刻认识恶行的消极影响和负面道德价值。具体来讲，一要发挥新闻舆论的引导作用。广播、电视、报刊等大众媒体，都应该成为宣传社会公德的重要舆论阵地，要坚持正面报道为主，大力宣传自觉遵守和维护社会公德的好人好事，弘扬高尚的道德风尚。同时，也要揭露、抨击破坏社会公德的不文明行为。通过惩恶扬善、激浊扬清，在社会上培育良好公德氛围。要加大对网络宣传的使用和管理，充分运用网络阵地宣传公德规范，积极引导网络机构和广大网民增强网络道德意识，共建网络文明。二要发挥文化艺术的引导作用。要充分利用电影、电视、戏剧、文学、相声、小品等形式，对广大市民进行社会公德教育。

第五，社会公德与社区建设。“社区”，即聚居在一定地域范围内的人们所组成的社会生活共同体。社区包括5个基本要素：社区人口、地域空间、社区活动、社区设施、社区文化。社区文化是指以人口、地域面积为参数划定的社会自然地域范围内，以居民为参与主体，通过文艺表演、科技普及、法律法规宣传、文体娱乐等形式，提高城市管理水平和人口素质的文化形态。“孟母三迁，择邻而居”的故事家喻户晓，足以折射出人文环境之优劣对人的成长和生活是多么重要。社区文化是建设学习型社会的基础内容，是北京精神培育的重要载体。把社会公德规范转化为人们的公德观念和行为实践，不能仅仅依赖于社会大事件如奥运会、抗震救灾等，也要着力于在社区开展活动式教育模式，在日常生活中进行一点一滴的良好行为观念的教育和培养，通过开展活动在日常生活中推进北京精神的培育。

公民道德建设有利于维护社会稳定，促进人的全面发展。全面提高公民道德建设，才能更好地推动城市总体发展水平和提高城市的魅力。就发展的意义来说，践行和培育北京精神能真正体现城市发展战略的科学性和正确性，北京精神培育确立了城市发展方向和内容，对于推动公民道德建设具有重要的指导作用。

三、北京精神培育与公民道德建设相辅相成

北京精神与社会主义公民道德建设内涵实质是一致的，相对于社会主义公民道德建设的明文规定，北京精神更能从社会舆论层面诠释社会主义公民道德要求，将公民道德建设的自律与他律功能有机地结合起来，在实

践层面对公民道德起到引导和表率的作用。现阶段，在社会主义公民道德建设过程中，积极践行北京精神已成为公民道德建设的实践内容、运作手段和评价尺度，北京精神在公民道德价值观、公民道德行为准则与实际道德调节作用上发挥着先进性的功能作用，是提升公民道德素质的切实之举。在北京精神引领和鼓舞下，可以创新公民道德建设活动的形式，创新公民道德建设活动的内容，提升公民道德建设活动的成效，因此，应将北京精神贯穿于公民道德建设活动的全过程。

北京精神是开展公民道德建设活动的精神支持，具有提升公民道德建设的认知作用。北京精神对于社会主义公民道德的认知功能，主要通过公民在践行北京精神中，在社会公共领域、职业活动领域与家庭生活领域学习公民道德建设内容。通过北京精神的实践，可以引导北京广大市民按照公民道德建设的要求去选择正确的准则处理与他人及社会的相互关系。公民道德调节功能也可以通过践行北京精神的活动实现，推进公民道德的社会调节功能，因为北京精神为社会普遍接受，将促进公民道德的原则及规范成为评价人们道德行为的尺度。

践行北京精神是公民道德培养和教育的一个有效途径，能够为提升公民道德修养品格提供理念支持与实践磨炼。公民道德素养的提升，不仅在于公民道德内化，更需要实践养成，在实践中去磨炼公民道德意志，坚定公民道德信念取向。北京精神是实践性精神，不仅在于精神内涵先进，更注重实践的考验与养成，使北京精神境遇下的公民道德修养具有更多的人情味，生成公民道德修养的环境与氛围。而且公民道德之所以要以建设的形式推进，就在于公民道德意识的形成、公民道德规范的习得与公民道德行为的养成，都不是自然而成，而是需要科学、系统、实践的培养和教育。马克思主义认为，人的本质是后天形成的，是由社会关系和经济状况决定的，它是可以变化的，因而人的向善拒恶的能力也是可以培养的。通过弘扬北京精神可以形成良性的社会舆论，演化成高尚的社会风尚，树立践行北京精神的榜样，用北京精神所彰显的社会主义理想、所蕴含的道德修养来提高人们的道德水平，实现北京精神与社会主义公民道德建设互为推力的同步发展。

第三节　北京精神培育与思想政治教育之间的关系

一、北京精神赋予思想政治教育鲜明的地域特色和时代特色

在践行社会主义核心价值观、建设中国特色世界城市的过程中，北京既需要大力建设和弘扬北京精神，又需要切实加强和改进思想政治教育，这两个方面是有机统一、密切联系的。在认识北京精神与思想政治教育之间关系的时候，要注意辨析北京精神的特殊性和普遍性的特点。因为北京精神不仅存在着北京的精神因子，也有着中国的精神因子，更蕴含着世界的精神因子。因此，既要发挥北京精神的特殊性来建设具有北京特色的北京城市，又要发挥北京精神的普遍性来建设具有世界色彩的北京城市。只有民族的才是世界的，只有民族化的北京才是中国的北京和世界的北京。

北京精神中之“爱国”意在彰显北京城市的人文传统和民族特色来建设人文北京；北京精神中之“创新”意在彰显北京城市的超前气势和生机活力来建设科技北京；北京精神中之“包容”意在彰显北京城市的开放意识和博大情怀来建设开放北京；北京精神中之“厚德”意在彰显北京城市的仁德品格来建设和谐北京。可以说，北京精神的特殊性集中体现在它的“爱国”和“厚德”方面。其一，“爱国”包括爱北京，北京的城市建设突出其相对于世界的中国元素和北京元素，如爱护和积极向世界宣传存留至今的各种类的文物古迹和文化遗产等。其二，“厚德”主要体现在北京人的自强和仁德，如北京人在工作、生活等方面向全国各地和世界各地人民

展现北京人的仁德品格和行为风貌。北京精神的普遍性集中体现在“创新”和“包容”方面。创新和包容在全球化时代已经成为包括北京在内的各国大城市的一种追求和品质，要积极而广泛地吸纳借鉴和学习国内外一切积极因素建设北京。

北京精神的普遍性和特殊性是相互关联、相辅相成的。创新和包容蕴含在爱国和厚德中，后者又在前者中体现出来。北京的城市建设要始终持有爱国和厚德的精神品质，保持北京城市的中国特色和北京特色，并以创新和包容的风貌融入世界城市之“林”中。北京精神不仅代表着北京的整体形象，凸显着北京的特色风貌，还凝聚着北京的思想灵魂，是北京发展的内在驱动力，能够提升北京这座城市的竞争力和软实力。只有通过培育和践行北京精神这个富有时代气息的地域精神，才能牢牢扎根于历史文化的土壤和现实，让北京这座城市的地域精神切实凝聚人心，增强文化自觉自信，更好地使北京人民充实精气神，汇聚正能量。

新时期的北京精神，体现了北京致力于世界城市建设阶段的积极进取的精神风貌。其中的“爱国”，是指对处于伟大复兴进程中的社会主义中国的热爱，它体现在北京市民日常工作、学习和生活的方方面面；其中的“创新”，主要包括新时期北京经济发展方式转变中的创新、社会管理中的创新、政治参与民主化的创新、高新科学技术上的创新、文化建设中的创新等方面；其中的“包容”，是指在建设社会主义世界城市的进程中，北京对来自世界各地的人们的包容，包容他们文化、风俗、生活习惯的诸多方面，即允许差异性的存在；其中的“厚德”，主要是指要进一步加强社会主义道德建设，主要涵盖职业道德、家庭美德、社会公德、个人品德等方面，这是在改革开放的进程中逐步形成的，而且还将随着社会主义建设的推进得到进一步的完善。

通过上面的分析不难看出，北京精神具有鲜明的时代性，它既是从北京目前所处的时代中总结出来的，也必将对北京新时期的发展产生巨大的推动作用。应当说，北京精神不仅是新时期北京思想政治教育的重要组成部分，而且赋予北京思想政治教育鲜明的地域特色和时代特色。这就是说，对于北京市而言，其思想政治教育的内容包含着北京精神的内容，其思想政治教育的开展意味着北京精神的培育，其思想政治教育的特色依托着北京精神的展示。北京精神不仅是新时期思想政治教育鲜明的时代主题，也丰富了新时期思想政治教育学范畴的重要内容，而思想政治教育的内容正是与时俱进的。北京精神的文化特色与时代元素本身就给思想政治教育带来了新的契机，促进了思想政治教育的发展，这是以改革创新精神促进思想政治教育科学化的一个体现。

北京开展思想政治教育，应当深入挖掘北京精神中蕴含的丰富资源，充分利用北京地区存在的广博素材，合理运用北京人民熟悉的形式手段。过去思想政治教育研究中对如何体现地域特色注意不够，北京精神的建设为我们提供了新的视野和启示。北京精神的文化特色与时代元素本身既丰富了思想政治教育的内容和特质，又给思想政治教育的发展带来了新的契机。因此，我们要把握时代的脉搏，发扬与时俱进的精神，坚持在推陈中出新，在创造中继承，大力发扬中华民族传统美德，大力弘扬北京精神，使北京精神成为新的历史条件下鼓舞北京全市人民不断前进的精神力量。同时，我们要坚持从实际情况出发，辩证取舍，积极吸收借鉴国外世界城市建设的有益成果，决不照搬照抄和简单模仿，通过积极践行北京精神，增强北京市民为中华民族伟大复兴而奋斗的责任感和使命感，以促进中国特色世界城市的顺利发展。

二、思想政治教育给予北京精神培育以思想保证和工作支持

思想政治教育给予北京精神培育以思想保证和工作支持，即思想政治教育可以通过解疑释惑、统一思想、凝聚共识为北京精神培育提供思想保

证，也可以通过沟通协调、化解矛盾、服务社会为北京精神培育提供工作支持。

从思想政治教育的出发点看，思想政治教育应从现实人、具体人的实际出发开展教育；从思想政治教育的落脚点看，思想政治教育的目的是帮助人们提高思想道德素质。培育和弘扬北京精神可以作为思想政治教育的具体措施和方法，通过加大北京精神宣传力度来加强广大群众的思想道德建设，通过参加北京精神培育活动提升广大群众自身的思想道德素质。思想政治教育工作是社会主义精神文明建设的重要内容和中心环节，是保证文化建设社会主义方向和性质的根本措施。思想政治教育为文化发展提供服务，通过向社会传播精神文化，分配政治资源，生产思想产品，担负着维护、丰富、发展主流文化或主导意识形态的任务，也担负着批判、抵制有害文化，借鉴、吸收有益文化的职责。同时，思想政治教育通过长期的爱国主义、集体主义和社会主义教育提升了广大群众的思想政治觉悟，为文化的繁荣、发展营造良好的思想条件，以保证文化发展的社会主义方向。北京精神的提出和培育为今后一个时期促进全市人民的思想政治教育提供了思路，因此要把北京精神培育融入对广大群众思想政治教育的全过程，在其日常工作、学习和生活中将之转化为巨大的精神动力。要通过思想政治教育营造北京精神培育的良好舆论氛围，树立先进典型，转化人的思想观念，促进人的全面发展。

在新的历史条件下，弘扬和践行北京精神在推动社会发展的同时，难免会遇到这样或那样的问题和障碍。思想政治教育能从政治思想和行动上发挥引领作用，引导人们自觉遵循法律规范和道德规范，将人们的思想和行为引导到符合社会发展要求的方向上来。另外，随着人们主体性的增强及现代社会向人们提出了更高的社会化要求，思想政治教育需要在各类群体之间进行思想的疏通，发挥沟通和协调功能，促进社会发展。

思想政治教育不仅要着力提高人们的思想政治素质，而且要带动人们科学文化素质的提高。思想政治教育能够有意识地创造出一种既有纪律又有自由、既有团结统一又有严肃活泼的适合人的个性发展的良好氛围。要看到，人是能动的社会存在物，人的能动性是有着层次和深度的，不可能由人们自发地完全释放出来，需要对其进行深度发掘。要时刻保持一种对北京精神培育的积极参与和主动创造的态度，把人的全面发展提升到前所未有的高度。当然，思想政治教育在弘扬北京精神的过程中，不是充当机械的“传声筒”，而是在不断地对北京精神进行整合并以最恰当的方式向受教育者进行传递。因此，思想政治教育给予北京精神培育以思想保证和工作支持，就要把北京精神的要求渗透到广大北京市民的工作生活之中，内化为全体市民的道德追求，变成全体市民的行为准则和习惯，成为人们的自觉行动，在首善之区形成“爱国、创新、包容、厚德”的文明风尚。

三、北京精神培育是新形势下思想政治教育的一个主要载体、重要抓手和基本路径

思想政治教育活动必须通过一定的载体、抓手、路径才能进行，北京精神培育正是这样一个主要载体、重要抓手和基本路径。因此，应当将思想政治教育寓于北京精神培育、塑造的实践中，使受教育者在这种实践中受到深刻教育和积极引导，从而提高思想道德素质。众所周知，社会主义核心价值体系的精神内核是“三个倡导”，体现了广大人民群众的一致愿望。社会主义核心价值观统摄北京精神，是北京精神的精神源泉和思想前提。北京精神的培育和践行，是社会主义核心价值观另一种接地气的表达，已经得到普遍认同。北京精神培育活动不仅着眼于提高个体的思想道德素质，而且旨在建设和发展和谐的主体关系，形成个体主体、群体主体和社会主体的相互协调，建设积极健康的社会风气和人际关系，使个体的精神生活和道德境界得到充实与提高。

北京精神培育是新形势下思想政治教育的主要载体、重要抓手和基本路径之一，这坚持了马克思主义实践观的要求。马克思主义把实践看作认识的基础，看作检验真理的标准，强调实践活动在社会生活过程中的作用。北京精神培育活动是人们形成正确认识和思想观念的基本途径之一，人的思想认识不会自发产生，一方面有赖于书本知识，另一方面来源于社会实践。而书本的正确认识是对社会实践的科学概括和总结，归根到底也来源于社会实践。思想政治教育的过程及其结果都离不开实践活动，这是思想政治教育的特点所在。北京精神培育活动本身作为思想政治教育活动来开展，有着明确的教育目的性，蕴含着丰富的思想政治教育内容，使思想政治教育内容得以生动、形象、具体地表达出来，是人们认同、接受正确的思想观念并使之内化为自身品德意识的重要环节。广大群众在不断开展的北京精神培育活动中，亲身参与，亲身经历，能够直接感知，耳闻目睹，并将教育内容的理性理解和感性认识结合起来，得到深切感悟、真正认同、不断巩固。这样，思想政治教育内容就通过北京精神培育活动变成人们看得见、摸得着的现实图景，即实现了思想政治教育内容的“活化”或“具化”，从而潜移默化地为人们所接受，对人们产生积极的影响。

思想政治教育以北京精神培育为载体，可以使受教育者在社会实践中获得自我反思、自我评价、自我学习的机会，从而提高自我教育即自我认识、自我监督、自我控制、自我调节的能力。只有当受教育者不仅能正确认识和评价自己，而且能自觉地按照社会要求进行自我调控，主动向社会要求的方向发展时，思想政治教育的目的才算达到，这种“无教之教”实际上也是思想政治教育的理想状态。不仅如此，北京精神培育还是教育和自我教育相统一的重要方式。把思想政治教育内容有机地融入北京精神培育之中，并积极组织受教育者参加活动，这是教育的过程；而受教育者通过北京精神培育的活动受到感染、不知不觉地接受教育的同时，又会进行自我反省，使自己的思想品德向社会要求的方向发展，这又是自我教育的过程。北京精神培育活动在一定意义上使思想政治教育的主体客体化、客体主体化。广大北京市民作为北京精神培育的参与者，在弘扬北京精神、受到深刻教育、提高自身思想道德素质的同时，又以自己的行动感染、影响其他的参与者，净化着社会风气，大家既自我教育又相互教育，既是受教育者又是教育者，这正是现代思想政治教育所追求和倡导的。

以北京精神培育作为新形势下思想政治教育的一个主要载体、重要抓手和基本路径，是加强和改进思想政治教育的现实选择。改革开放以来，北京市广大人民群众的生活内容、生活方式和就业方式等都发生了深刻的变化，呈现出日益多样化的趋势。人们生活方式的多样化和思想活动的复杂化，要求思想政治教育摒弃过去那种简单的、整齐划一的教育方式，采取与人们实际情况相适应的多样化的教育方式。北京精神培育能将思想政治教育有机地渗透到各种建设活动中去，能满足人们精神生活多方面和就业方式多样化的需求。这表明过去那种仅仅依托企事业单位对人们进行思想政治教育的模式已经难以适应新形势的需要，如对个体劳动者，传统的思想政治教育方式就可能覆盖不到，难以起到作用；而北京精神培育则可以弥补这一不足，通过广泛开展包含丰富思想政治教育内容的、形式多样的北京精神培育活动，可以有效地对所有社会成员进行思想政治教育。

以北京精神培育作为新形势下思想政治教育的一个主要载体、重要抓手和基本路径，也符合解决思想问题与解决实际问题相结合的思想政治工作基本原则，在开展思想政治教育工作方面具有鲜明的特点和独特的优势。这样不仅会使思想政治教育的覆盖面大大扩展，而且能使思想政治教育的影响力不断增强，促使人们在参与丰富而健康的北京精神培育活动的同时，自觉不自觉地接受思想政治教育。北京精神培育通过引导人们直接参与活动的方式，把思想政治教育工作落实到各个层面，使之更加生动活泼，更加具有吸引力，更好地产生“润物细无声”的效果，使人们在不知不觉中受到其熏陶和感染，有利于促使人们思想道德素质和科学文化素质的提高，自觉培育和践行北京精神，自觉培育和践行社会主义核心价值观。

四、思想政治教育是新形势下北京精神培育的一个主要形式、重要方面和组成部分

思想政治教育是新形势下北京精神培育的一个主要形式、重要方面和组成部分。思想政治教育与北京精神培育的一致性、协调性，使思想政治教育在北京精神培育中不仅能成为一个主要形式，而且其本身就是北京精神培育的一个重要方面和组成部分。因此，应当将北京精神培育融入思想政治教育之中，通过开展卓有成效的思想政治教育，充分发挥其在北京精神培育中的突出作用。

在思想政治教育工作中开展北京精神培育活动，遵循了马克思主义认识论的基本规律，有利于引导广大群众按照马克思主义认识论的基本观点和方法，把直观的、具体的参加北京精神培育的实践上升到理性认识，使认识牢固地建立在科学的实践基础上，把理论与实践结合起来，把知与行统一起来。通过思想政治教育，可以提高全体北京市民的思想道德素质和公民意识，赢得他们对北京精神培育的理解、认同和支持，引导他们自觉投身于北京精神培育的活动之中。毫无疑问，思想政治教育立足于促进人的发展和社会进步，着力于人们思想道德素质的提高和良好社会风气的营造，这同北京精神培育活动所要达到的根本目的是完全一致的。我们在思想政治教育工作中开展北京精神培育活动，还应当拓展思路，从社会整体角度出发思考如何通过加强思想政治教育促进文化建设，从整个社会主义文化建设的高度思考北京精神的弘扬和践行问题。同时要看到，思想政治教育对于加强党和政府与人民之间的联系、协调人际关系、调节人们情绪、促进社会和谐、确保国家稳定起着不可或缺的作用。通过思想政治教

育，如果广大北京市民的个人行为得到规范，自觉奉献的意识得到加强，把“爱国、创新、包容、厚德”带给更多的人、感染更多的人，崇德向善的社会风气就会进一步地形成和发展，北京精神就能得到进一步的建设和弘扬。

北京精神培育是一项宏大的、复杂的社会系统工程，它涉及各个领域，涉及方方面面，需要加强领导、统筹协调、齐抓共管、相互配合，也需要多措并举、循序渐进、因地制宜、求真务实。从思想政治教育的角度讲，关键在于将北京精神培育贯穿于思想政治教育的各个环节，在价值导向、品德培养、人格塑造等方面体现北京精神培育的要求，把北京精神培育做到广大群众的心坎上，这样才能增强北京精神培育的实效性和亲和力。比如，我们可以紧密结合企业生产经营活动，在加强企业思想政治教育工作中开展北京精神培育活动。围绕深化企业改革、提高经济效益和职工素质及技能，引导职工树立共同理想和主人翁思想，努力构建经营者与职工之间和谐、信任、包容的关系，把解决职工的思想问题与实际问题结合起来。结合职工的现实需要，不断创新方法和形式，为职工的学习成才创造更有利的环境和条件，制定适合本企业实际情况和发展规划的职工教育计划，培养他们成为新知识新技术新技能的主人。将北京精神培育渗透到企业的生产经营和管理活动中，努力为企业在市场经济条件下坚持正确的价值导向与求突破、求发展提供坚实的思想基础，把加强企业文化建设作为北京精神培育的一个形式、方面和部分，积极探索企业改革发展与北京精神培育相结合的有效路径。又如，我们可以紧密结合社会主义新农村建设，在加强农村思想政治教育工作中开展北京精神培育活动。大力推进农村思想道德文化建设，提高农民整体的思想道德素质和科学文化素质。以创建文明村镇为主要形式，大力开展北京精神培育活动。推动农村走上生产发展、生态良好、生活富裕的文明发展道路，切实为农民办实事、办好事，把北京精神培育与促进农业发展、实现农民增收有机地结合起来，把北京精神培育与维护农村稳定和转变农村基层干部作风有机结合起来。

应当强调的是，在通过加强思想政治教育工作开展北京精神培育活动时，要注意凸显北京精神培育的要求，符合思想政治教育工作的特点，发挥思想政治教育工作对北京精神培育的促进作用。同时，对广大群众自发开展的相关活动也要加以正确引导，适当加大投入，在经费、场地、设施等方面为活动的开展创造条件。开展北京精神培育，一定要因地制宜，坚持从实际出发，充分发挥活动参与者的主动性和创造性，持之以恒，讲究实效，力戒形式主义和铺张浪费。北京精神培育活动应该有阶段、有节奏，切不可一哄而上。过多过滥的活动会使受教育者“消化不良”，甚至使人们产生厌烦情绪，从而使活动效果大打折扣。我们要坚定不移地把北京精神培育融入思想政治教育的全过程中，充分发挥思想政治教育在培育北京精神中的重要作用。只有科学地把握北京精神培育与思想政治教育之间的关系，思想政治教育才能不辱使命，担当起推进和深化北京精神培育的重任。

第三章　思想政治教育视野下北京精神的内容和建设现状

第一节　思想政治教育视野下北京精神的内容诠释

一、弘扬与培育“爱国”精神——北京精神的核心

1.“爱国”在北京城市发展和文化变迁中的地位与作用

在北京精神的概括中，“爱国”被提到了首要位置。爱国是创新、包容、厚德的基础。在中华民族伟大复兴的进程中，北京作为首都不仅需要发扬爱国精神，而且更要把这种爱国精神转化为建设、推动首都发展的满腔热情和实际行动。社会发展不仅仅体现在生产方式的转变和社会文化的进步上，更需要在其历史变迁过程中形成推动社会发展的真正精神力量，而爱国的民族精神就是这种力量的源泉之一。在我国长期的历史发展中，任何一个城市都不同程度地具有爱国的传统。正因如此，爱国成为北京精神的特殊规定和基本内涵。

在历史上，北京是中原封建王朝抵御游牧民族入侵的军事防守重地之一。在发展变迁过程中，当时北京所在区域的传统爱国精神得到发展。从辽代至元代的北京历史，是北京由地域性城市走向全国都城的进程。元、明、清三代，北京取代长安、洛阳等古都的地位，上升为全国的政治中心。这个时期，北京地区的传统爱国精神又得到了大发展。这主要表现

在：各民族通过矛盾冲突和文化交流，在全方位、多层次上实现了多民族的大融合。

在风云激荡的20世纪初，北京成为一座传播革命思潮、实践革命理想的城市。许多对中国近现代史产生重要影响的先驱，不仅在北京探讨先进思想，而且在北京直接组织、参与了革命活动，辛亥革命、“五四”运动等都蕴含着爱国精神。在这些历史事件中，北京人民的爱国精神既表现为反抗黑暗统治、反对反动暴政，又表现为反对帝国主义入侵、争取民族独立解放。“五四”运动中，北京的学子们在内忧外患的局势下勇敢面对军阀的枪口，大声疾呼：“国亡了，同胞们站起来啊！”以北京大学等高校的青年学生为主导的“五四”运动，逐步发展成为以工人阶级为主要力量、有城市小资产阶级和民族资产阶级参加的全国规模反帝爱国运动，对中国近代政治、文化乃至社会变革都产生了深远而持久的影响。他们表现出的是对历史和国家的高度责任感，对祖国和同胞的深沉热爱，对新世纪和胜利曙光的真诚渴望。追随着“五四”爱国运动的声音，在“一二·九”运动中，北平、天津学生高举抗日救国的大旗，对国民党反动派的黑暗统治进行了有力的冲击。

可以说，世界近现代史上没有一个国家像中国这样经历过那么多帝国主义列强侵略的创伤。卢沟桥事变促使中华民族开始全面抗战，张自忠、佟麟阁、赵登禹等抗日英雄的事迹在北京的爱国史上留下了悲壮的一页。中国人民抗日战争纪念馆和中国人民革命军事博物馆都记载着中国共产党领导人民开展艰苦卓绝的革命斗争的光辉业绩。每当国家、民族处于危难时刻，大批仁人志士就会挺身而出，投身到救亡事业之中。李大钊在北京大学（今北京新文化运动纪念馆）担任图书馆主任等职务期间，致力于传播马克思主义，筹建共产主义小组，寻找振兴中国的道路。1927年4月，他被奉系军阀逮捕后英勇就义，表现出共产党人的坚定信念和甘于牺牲的崇高精神。20世纪30年代北京被日军占领后，北京人民誓死不当亡国奴。

著名京剧表演艺术大师梅兰芳编演《木兰从军》《抗金兵》和《生死恨》等爱国剧目，激励人们抗敌救国。他身陷敌占区后仍大义凛然地拒绝威逼利诱，蓄须明志，不参加敌伪粉饰太平的演出。画家齐白石闭门谢客，画家李可染宁可拉洋车糊口也不肯作画，表现出北京人的爱国情怀。他们的舍生取义成为北京历史上爱国主题的生动诠释。

1949年，中华人民共和国成立。1956年，社会主义改造基本完成后，中国进入社会主义建设探索时期。这一时期，北京爱国的时代主题是保卫新中国、建设新中国，以建立社会主义制度和探索社会主义建设为基本内容。1978年，党的十一届三中全会在北京召开，“解放思想，实事求是”思想路线重新确立，工作重心向经济建设方面转移。大力发展社会生产力是爱国在新时期的集中体现。

进入21世纪以后，以为国争光为标准不断推动首都各项工作，成为北京人民爱国的主题。这主要体现为：北京作为首都，必须在国家发展建设和各项工作中走在前列，成为首善之区。在实现中华民族伟大复兴的历史进程中，在建设中国特色社会主义的伟大事业中，首都人民牢记自己的责任和使命，把握发展大势、勇立时代潮头，勇敢地担当起国家发展的表率和示范；大力弘扬爱国精神，坚定信仰、矢志不渝，坚定不移地走中国特色社会主义道路，坚持马克思主义指导地位，打牢团结奋斗的共同思想基础；心系祖国、胸怀全局、爱岗敬业、拼搏奉献，为国家和首都的发展建设做出重要贡献。建首善自京师始。北京人民以首善之区的责任感和使命感要求自己，从而使首都能够在政治、文化和生活方式上起到表率作用，在社会发展方面发挥率先作用，在各方面都力求做到最优秀、最先进。重大节日和重要政治活动，增强了北京人民的责任感。北京人民清楚地知道自己的言谈举止不仅仅代表个人，而且代表着整个中国的形象，这是一种特有的北京文化特质的生动反映。

在21世纪头几年，北京的发展，在一定意义上是围绕“人文奥运”与

“人文北京”的建设主题展开的。百年奥运，中国圆梦。2008年奥运会在北京的成功举办，赋予北京人民的爱国以丰富的时代内涵，并使之达到了一个新的时代高度。同时，也提升了北京人民的自尊、自信及文明素质，集中展现了北京人民为国争光的爱国精神、艰苦奋斗的奉献精神、勇攀高峰的创新精神、团结协作的团队精神。2008年奥运会是一部集中反映包括首都人民在内的全中国人民爱国的生动教材。北京人民以极大的热情、强烈的责任意识参与到奥运会之中，充分彰显了北京人民的爱国情怀。在事关城市进步和国家荣誉的历史节点上，北京人民总是自觉地承担使命。同时，这种历史眼光和大局意识也并不抽象、空洞，每一个北京人都从我做起，把爱国大义转化为爱生活、爱工作的具体行动。北京人民的这种爱国在中国文化精神中具有充分的代表性和重要的引领性意义，即个体的美善、尊严与国家形象、国运昌盛紧密结合在一起。当奥运会大幕拉开，聚光灯照亮北京之时，世界见证了中国改革开放取得的辉煌成就，也感受到了中国人民追求富强、民主、文明，实现民族复兴的精神气象。同时，这种爱国精神鲜明地体现为强国之志和在全球化格局中的担当意识，并进入广大公民的价值判断、行为准则、生活取向、情感寄托的深处。北京奥运会是爱国精神的新升华。在奥运会的筹备和举办过程中，北京人民以实际行动向世界集中展现了一个发展中国家首都的“爱国、创新、包容、厚德”的精神和面貌。

2014年，举世瞩目的亚太经合组织（APEC）第22次领导人非正式会议及相关会议在北京召开。作为本次APEC会议的主场所在地，北京是世界注目的中心。APEC会议是国家的大事，能够担负为盛会搭建平台、营造主场氛围的重大任务，是北京的光荣。完成好APEC会议的筹备和服务保障工作，既是党中央和全国人民交给北京市的一项光荣的政治任务，也是向世界展示我们国家及首都改革发展巨大成就、文明开放国际形象、北京人民良好精神面貌的一次重要机遇，对于树立良好的国家形象、首都形象，具有十分重要的意义。在APEC会议期间，北京人民积极响应党和政府的号召，发扬首都光荣传统，当好东道主，热情迎嘉宾，全力为大会做好服务保障，用实际行动共同营造优美整洁的社会环境和安全、祥和、喜庆、热烈的社会氛围。可以说，APEC会议让北京又一次展现了为国家办大事、做好服务保障的责任感和能力，其以高效优质的服务、安全顺畅的交通、整洁美观的环境、喜庆祥和的氛围确保了盛会圆满成功。创造和实现亚太梦想，就是坚持亚太大家庭精神和命运共同体意识，共同致力于亚太繁荣进步；就是继续引领发展大势，为人类福祉做出更大贡献；就是让经济更有活力、贸易更加自由、投资更加便利、道路更加畅顺，人与人交往更加密切；就是让人民过上更加安宁、富足的生活，让孩子们成长得更好……这何尝不是当代北京弘扬爱国精神的一种体现？北京人民用顾全大局、无私奉献的主人翁意识去面对矛盾，用自己对APEC会议的使命意识和担当精神去解决问题、建设首善，完成了又一次爱国情怀的升华。

2.思想政治教育视野下的爱国精神

爱国是中华民族千百年来的光荣传统，是中华民族始终信奉的重要价值观，是中华民族自强不息的强大精神支柱。爱国是对于自己祖国的浓厚情感。这种情感是对于自己祖国大好河山的热爱、对骨肉同胞的依恋、对民族文化的归属感，表现为强烈的民族自尊心、自信心和自豪感，表现为祖国的前途命运的强烈责任感。爱国主义以一种深沉忧患感和历史责任感纵贯于历史过程的始终。历史上的爱国主义精神表现为情系故土的爱国情怀、忧国忧民的忧患意识、团结统一的“大一统”情怀、为国奉公尽忠的献身精神等。抵御外族侵略、崇敬民族英雄及富国强兵、变法图强、居安思危、以身许国等都是爱国主义的具体表现。广为流传的诗句如“位卑未敢忘忧国”“苟利国家生死以，岂因祸福避趋之”“为中华之崛起而读书”等，都是中华儿女将国家的命运、民族兴衰与个人价值、个人生命融为一体的体现。爱国主义教育是思想政治教育的重点。思想政治教育的重要任务是培养青少年的爱国情感、爱国思想与爱国信念。

作为一个具有悠久历史、文化和道德传统的民族，爱国已经深深根植于民族的血液中，在社会主义新时期又被赋予了新的内涵，具有了更为重要的意义。爱国价值观中的“国”是一个文化、地理概念，包括特定的地域和自然条件，居住在这一地域的民族、人民及其语言、文字、历史、文化以及在其中结成的社会关系。这是爱国的价值观所爱之“国”的基本内涵，也是它能够在任何历史条件下团结一切爱国者，具有强大的凝聚力和生命力的根本原因。爱国的“国”还是一个政治概念，指国家政权，指国家的上层建筑和意识形态，这是爱国的重要内涵，它解决的是爱一个什么样的国家，怎样爱我们的国家的问题。爱国是具体的，一国的地域、自然条件，一国的国民、历史、文化总要和特定的国家形式结合在一起。

爱国精神的培养是一个能动的过程，是受主体社会生活实践经验和认识能力的发展水平所制约的。爱国的内涵也是十分丰富的，按照历史唯物主义的观点考察不同历史阶段出现的国家形式，它们的产生有其特定的历史合理性。这就是说，对于有着不同政权形式的国家，爱国要看其在当时的历史和时代条件下、在客观上有多大程度与祖国和人民的利益相通或相容。爱国的具体内容是由具体的历史条件决定的，具有鲜明的时代特征。

近代以来，革命的仁人志士所面临的是一个受帝国主义压迫、半殖民地半封建的国家。为了争得独立和民主，中国人民与封建主义、帝国主义进行了不屈不挠的斗争。中华儿女勇于为民族的利益、为祖国的独立和尊严牺牲自己的一切。在社会主义建设的新时期，爱国主义表现为争取和维护祖国的独立和尊严，维护民族团结与祖国统一，坚持爱国与爱社会主义的统一，贡献全部力量建设社会主义祖国，反对霸权主义、维护世界和平。建设中国特色社会主义是新时期爱国主义的主题。爱我们的国家，就要让我们的国家发达起来。我们所提倡的爱国价值观强调爱我们的国家，维护国家独立、主权领土完整，建设社会主义中国的同时，强调履行国际义务，谋求世界各国的共同发展；也强调保持开放的心态，面向世界，学习外国的先进事物，谋求国家的发展和进步。

社会主义国家是人民的国家，人民当家做主，是国家的主人。社会主义制度在中国的确立，使中华民族摆脱了任人宰割、四分五裂的悲惨境地，使我们这个具有五千年文明史的古国获得了新生，赢得了独立和尊严。当代中国特色社会主义从中华民族深厚的历史文化中充分汲取养料，真正扎根于中华大地而呈现出勃勃生机和旺盛活力，成为中华民族走向振兴的唯一正确选择，也使得中华民族呈现出前所未有的向心力和凝聚力。正是在这样的意义上，爱祖国和爱社会主义是统一的，构成当代中国的鲜明特征。爱国和爱社会主义紧密地联系在一起，统一于建设中国特色社会主义、实现中华民族伟大复兴的历史进程中，是动员和鼓舞中国人民团结奋斗的一面旗帜，是整合民族精神资源，推动我国社会发展的巨大力量，是全国各族人民共同的精神支柱。爱国只有融入建设中国特色社会主义的伟大事业，才有强大的生命力。而北京精神中的“爱国”正体现为对中国共产党的无限忠诚和对社会主义制度的坚决拥护。北京的爱国精神对于整个中华民族而言具有引领作用。

二、弘扬与培育“创新”精神 ——北京精神的精髓

1.“创新”在北京城市发展和文化演变中的地位与作用

创新作为北京精神的重要内容，凝聚着北京人民的聪明智慧和知识才华，是北京城市发展的源头活水。创新作为北京精神的精髓，体现了北京城市发展的真谛，体现了北京人民敢为人先的气质。三千多年的发展历程，使北京积淀了丰富多彩的城市历史文化，其中最基本的要义、最根本的特征则是创新。北京城市发展的精华在创新，城市发展的动力在创新，城市传承发展的基础在创新，城市未来发展的希望也在创新。北京人民是

北京精神的创造者和承载者，这一精神的形成和表述语的提炼，就是对北京人民敢为人先、勇于创新气质的生动诠释。

创新是北京精神的精髓，凸显了北京人民深厚包容的智慧、发愤图强的精神。“天行健，君子以自强不息。”千百年来，创新精神一直鼓舞着北京人民继续前进，吸引了全国各地的精英来此创业，开创着首都更为广阔和光明的未来。历史上的北京与现在的北京，变化如此之大的根本原因就在于创新。创新贯穿于北京发展的始终，体现在城市发展、管理、生活的方方面面，创新精神在北京早已深入人心。正因为如此，创新才和爱国、包容、厚德一起共同构成了北京精神的内涵，爱国、包容、厚德离不开创新。创新当中蕴含着对国家、对民族、对社会、对人民的热爱，蕴含着海纳百川、有容乃大的气度，蕴含着科学求真、实事求是的美德，因而成为北京精神的精髓。今天的北京，正在以勇于创造、敢于争先的精神引领城市发展，通过创新制度支持科学发展，通过创新环境保证可持续发展，通过创新成果促进全面发展。创新作为北京精神的精髓，已经并将继续成为北京最鲜明的城市特征和最突出的城市形象。

（1）创新是北京的文化传统。北京作为我国历史积淀深厚的地区之一，一直都处在一个多民族交织融汇的人文地理环境中，历史上各种部落、族群在此定居、交流，他们以北京作为南进北出、东来西往必经和必争的军事重地、战略要塞，并作为自己的行政中心而精心规划、重点建设，进而形成了多元、包容的文化风格和深厚、丰富的文化底蕴，也因此不断迸发着创新的火花，产生了新的文化和文明。长城，被誉为世界七大奇迹之一，既是中华民族捍卫和平的重要象征，也是我国古代劳动人民创造力的集中展现。古今中外，凡是到过长城的人无不惊叹它的磅礴气势、宏伟规模和工程的艰巨。元大都堪称享誉中外的建筑艺术瑰宝，马可·波罗曾经赞扬道：“城是如此美丽，布置得如此巧妙，我们竟是不能描写它了！”郭守敬等人在充分继承中国古代科学成果、借鉴波斯天文仪器长处的基础上所创制的《授时历》成为当时世界上最先进的历法，比意大利天文学家利里奥在1582年制定的现行公历早了整整300年，曾被朝鲜、越南等邻国采用。明代建造的紫禁城、天坛，清代建造的颐和园，都是中国建筑创新的杰作。

作为中国的首都，北京一直引领着国家创新的步伐。从历史古都到国际大都市进而迈进世界城市，在新北京成长的路上始终铭刻着“创新”二字。尤其是改革开放之后，在党中央的正确领导和亲切关怀下，北京的科技事业稳步发展，为建成创新型城市奠定了坚实的基础。如今，北京的中关村国家级科技示范区建设成绩斐然，文化创意产业迅猛发展，数字版《清明上河图》在世博会中国馆的展示更是引起了轰动……北京以积极进取、勇攀高峰的良好精神状态，正在各个领域创造着一个又一个新奇迹，续写着勇于创新的新篇章。

（2）创新是当代北京发展的必由之路。建设创新型城市是北京城市发展的必然选择，也具备得天独厚的条件和优势。走创新之路既是必要的，也是可能的。北京走创新发展之路是由自身的使命、面临的挑战和具备的条件决定的。从目前面临的挑战来看，北京人口密度大，交通拥堵，所面临的问题都是“老大难”，既关乎民生，又成为制约城市发展与管理的瓶颈。无论是人口规模的调控、产业结构的调整，还是城市交通拥堵和环境污染的治理，北京都面临着既要发展经济又要提高生活质量和环境质量的双重压力，没有也不可能有一个现成的模式可以遵循。北京别无选择，只有敢于突破陈规、敢于大胆创新才有可能走出一条新路，才有可能破解城市发展与管理的难题，才有可能推动城市的科学发展。

从北京具有的基础条件来看，北京与一些世界城市相比，拥有的自然资源和所处的地理环境并不理想。北京气候干旱、严重缺水，土地资源、矿产资源等非常匮乏，周边环境不利于大气污染物的扩散，人口密度与资源、环境的可承受程度反差太大等。这些基础条件无法选择，也不能回避。在这样的条件下，北京的发展只能依靠科技创新、制度创新、管理创新，只能依靠人的创造和智慧来弥补先天的不足。当然，北京要走创新之路，也有其独特的优势。北京不仅有敢于创新、善于创新的文化传统，而且拥有作为国家文化中心和国际交往中心所特有的创新潜质。大规模的人口流动、多元文化的兼容并包，都为创新提供了必要的社会文化土壤。

第一，北京有着开放的社会环境。经过千年变迁，北京成为多种文化碰撞交融之地。创新意味着变化，意味着突破，也意味着增加了失败的可能性，因而需要思想开放、言论自由、鼓励创新、宽容失败，而北京具备有利于创新的社会环境和良好氛围。北京历史上有着丰厚的物质的和非物质的文化遗产，这些文化遗产都深刻影响了人民的生活方式。这使创新具有深厚的根基，对已有元素的重构正是创新的重要途径。而且，文化遗产中所蕴含的古人的智慧又为创新提供了诸多思路。

第二，北京有着大量的创新人才。人是创新的主体，创新最终要依靠人的创新活动和创新能力实现。作为全国的政治、文化和国际交往中心，北京人才济济、竞争激烈，吸引着国内外许多具备创新能力和创意意识的优秀人才。北京拥有众多的高等院校、研究机构、占全国1/3的国家重点学科和国家重点实验室。这些人才资源都是进行可持续创新的坚实基础。充分利用人力资源优势，广纳海内外优秀人才，集聚各种创新人才，将成为北京创新的巨大助推器。

第三，北京有着雄厚的科技资源和区位优势。正因为北京人文荟萃，拥有众多高素质的创新人才，才使得北京具备了得天独厚的科技资源，成为全国的科技创新中心，科研成果数量稳居全国领先地位。2009年，中关村科技园区作为国家首个自主创新示范区，为北京实施“科技北京”发展战略创造了良好机遇，注入了无限活力。中关村科技园区的辐射、集聚、带头作用，将成为北京创新发展的龙头和孵化器。因此，创新是北京城市发展的正确道路，更是可行之路。

2.思想政治教育视野下的创新精神

创新与爱国紧密相连，是时代精神的核心，是北京这座城市发展的法宝。时代精神是对所处时代特征的集中概括和反映，是生活在这个时代的人们精神风貌的总体展示。在时代精神这一有机整体中，改革创新居于核心地位。所谓创新，是一种打破常规、锐意进取、与时俱进的思维范式，表现为一种敢于探索、勇于创造的思想观念，一种坚韧刚毅、昂扬向上的精神面貌。虽然和平发展仍然是时代的基本主题，但随着经济全球化的日益加深，信息和知识的更新周期大大缩短，当今整个世界正处在大变革的过程中，人类发展的不确定因素正相应增多。面对这样的挑战，只有具备创新精神才有可能找到解决复杂难题的出路和方法，创新正成为人们生存的必备技能、发展的基本资源和竞争的常规武器。

从人类社会活动的领域和内容来看，创新包括认识活动的创新和实践活动的创新两大类。认识活动的创新包括理论创新、科技创新、文化创新、知识创新等，实践活动的创新则包括管理创新、制度创新、组织创新、教育创新等。

创新的实质是人的自我超越。作为人类特有的认识能力和实践能力，不仅体现为人们认识和实践活动的过程，表现为人们认识和实践活动的结果，而且还体现为人们的思想方法和工作方法，表现为人们的意识或观念，表现为人们的行为取向和价值追求，表现为人们的精神状态，成为人类谋生存、求发展的心理素质和改造客观世界与主观世界的意志品质。创新的实质是人类在物质上和精神上的自我突破和自我超越。创新是人类不断创造新的物质产品或精神产品的能力，人类的生存与发展离不开本能，也离不开从前人那里学习各种技能的模仿能力，但最重要的能力是人类特有的创新能力。有了这种创新能力，才可能有创新的认识活动和实践活动，才可能有新的发明、新的创造，才会有创新活动的成果，即新概念、新理论、新技术、新产品。创新还是人们的一种观念和意识。人们的所有活动都是有目的和意识的。人们的活动都是在一定的观念指导下完成的，没有创新的观念和创新的意识，就不可能有创新的行为和创新的实践。

创新更是人们的一种精神状态。任何创新都不仅彰显了人类的智慧和力量，更体现了人类与时俱进、积极进取、永不满足、敢于创造、勇攀高峰的精神，反映着人们敢于突破各种束缚、勇于超越自我的坚定信念，展现着人类渴望新知、追求真善美的信心和勇气。创新的要义在于突破和超越，而最困难和关键的突破和超越是人的自我突破和自我超越，是人们精神上的突破和超越。无数的创新事实证明，创新主体的自我突破和自我超越，特别是精神上的突破和超越是一切创新成功的前提，也是创新的最高境界。创新的真谛，不在于突破外在的制约和束缚，而在于突破自身内在的制约和束缚。因此，我们不应仅仅把创新看作一种产品、一种技术、一种能力，而应当全面认识和理解创新的实质。要深刻意识到创新是一种精神，是一种科学精神，一种求实精神，一种敢于闯、敢于试的精神，这种精神贯穿和体现在人们的全部创新活动过程中，凝结在人们的创新产品中；要深刻认识到创新在归根结底的意义上，是人们进行自我改造、自我提升、自我超越、自我发展的能力。我们正处于实现中华民族伟大复兴的历史征程中，面临着前所未有的机遇和挑战。北京之所以能够成为新中国的首都、现代化的国际大都市，其背后的重要支撑正是创新精神。可以毫不夸张地说，没有创新，就没有北京城，就没有国家文化中心和科技创新的地位，也不可能建成有中国特色的世界城市。因此，弘扬和践行北京精神就需要全面认识和保持高度的创新意识，遵循创新活动的一般规律，认真实施科技创新和文化创新“双轮驱动”战略，依靠创新赢得发展优势，不断激发北京这座城市的创造力和发展活力。

三、弘扬与培育“包容”精神——北京精神的特征

1.“包容”在北京城市发展和文化演变中的地位与作用

包容是北京在长期的历史发展和文化积累中孕育形成的重要精神特征。北京城市的包容精神，具有深刻的思想内涵和价值意蕴，体现了北京城市品质、人文传统和社会功能的有机统一，也展示了北京精神的基本特征和独特魅力。北京是一座古老而现代的城市，现正朝着现代化国际大都市的目标快速地发展。著名历史地理学家侯仁之先生曾经指出：“任何一座具有相当规模的城市，必定经历过较长的发展过程。城市本身，实际上是长时间的人类活动的一种积累，其中包含着政治、经济、技术、文化等各方面的经验和成就。”[1]在北京，这种长时期的积累和多方面的经验成就是丰厚的，包容精神就是其中的结晶之一。北京城市的包容精神是在长期的历史积累中形成的，包容精神是对北京城市包容性的价值提升和精华概括。

（1）北京包容精神的历史形成条件。包容精神是在北京城市的成长和建设过程中逐步塑造并固定下来的，既不是一挥而就的，也不是原封不动的。北京在孕育和塑造其包容精神上，具有得天独厚的条件，其中最基本的有以下四个方面。

第一，自然环境的交接互补。北京地处华北大平原的西北隅，这里三面环山，仅在东南一面开向平原，西南依太行山脉，北靠燕山，西贴西山，东近渤海，东南为北京湾平原，平原与山区交汇地带有海河流域的五条水系，是一个有山有水的好地方。从地理区位上说，北京地接华北、东北和西北三大地理板块，衔接和沟通了华北、东北、西北和南方，是重要的交通枢纽和联结点。从地貌物种上看，北京地区植被物种众多，地貌齐

---

[1] 侯仁之.北京城市历史地理[M].北京：燕山出版社，2000：1.

全，既有平原也有草地，周围还有皋地和沙地，既适于农业发展也能容纳商业、牧业和其他业态存在。北京多样而又具有明显差异性的自然环境与生态状况，展示了一种综合性与融汇性。自然环境是人文养成的重要影响因素，北京的自然环境中多样态、多种类和多元素之间的搭配与共生，有利于营造出一种包含着矛盾、冲突的中和、包容的气质。这种气质自然会在总体上、在长期的历史发展中渗透到北京人的基本品格和精神状态中。当然，我们不是自然环境决定论者，也不认为某种自然环境必定会产生和造就某种性格的人，但是，自然环境的互补共生，无疑有利于培养出一种大度包容的生态氛围和发展气度，也有利于促使生活在这种环境中的人们具备较强的包容性和接纳性。

第二，城区地域的演变扩展。据考古学家们在北京房山区琉璃河一带发掘的古城墙遗址可知，北京最初的城邑曾经是三千多年前周朝分封给召公的封邑，也是燕国最初的城址。西周初年，北京地区有蓟和燕两个诸侯国的国都，蓟的国都在今北京广安门一带，燕的国都在今房山区董家林附近。随着燕国的不断强大，最终兼并了蓟国，并把都城从琉璃河迁到蓟城。诸侯国之间的争战与政权的更迭，使国土的面积和领域不断变化，多数时候呈现出扩张之势，特别是随着封建政权的一统化，国家的领土和疆域更是容易得到扩张。正是在政权与社会制度的变化中，北京的城区和辖域也扩张了。自金元以后，随着北方民族入主中原及其政权的稳固和发展，北京作为国家首都的地位逐渐稳定，也成为全国最重要的政治中心，它的吸纳力和包容性就更大了。单纯从地理空间上看，在城市形成和扩张的过程中，城市的包容精神也得到了历练和增强。

第三，城市功能的拓展集中。一个城市的功能，在城市形成的初期往往比较单一，而且多有明显的指向性。比如，位于中原的城市多偏重生活功能和文化、社会功能，而位于边疆的城市多偏重军事防御功能。北京城最初就是以军事防御功能为主的。随着汉族与游牧民族之间矛盾关系的演化，北京城的城市功能也慢慢出现了功能重心的转变。到了辽金时期，北京（时称蓟城）的政治功能超越了军事功能而上升为城市功能之首。并且，政治功能因为北京作为都城的地位而巩固下来，至今不变。与此同时，由于政权的支持和需要、社会资源的聚拢，再加上悠久历史传统的积淀，北京的经济活动和文化教育功能也日益凸显出来。当然，北京的城市功能并不是几种重要功能轮番交替、依次出现的，其基本功能在城市发展的所有历史进程中都存在着，但其核心功能在城市发展的不同阶段却因受外在因素的影响而不同程度地凸显出来。每一种功能对城市发展所起到的促进作用不同，不同功能则从不同方面提升了城市的包容水平和容纳能力，从而也提升了北京城市的包容精神。

第四，城市文化的多元融合。城市文化是城市的内在生命之源。一个城市，即便其物质形迹被损毁了，但只要其文化能够得到保存，城市的精神生命就仍能够得以延续。在人类城市文化发展史上，不同类型和性质的文化在与其他文化交汇和碰撞时路径与结果也会不同。一般来说，过于刚性、不善变通的文化在与其他文化相遇时常易断裂或毁灭，而基于中庸和辩证思维的柔性文化则长于吸纳、兼容与融合。在人类文明史上，中华文明之所以逾数千年仍蓬勃发展，重要的一个原因就在于中国传统文化具有强大的包容性和柔韧度。在中国的文化版图中，北京处在五方杂处之地，是军事重镇和商业枢纽，也是游牧文化与农耕文化的交接地带。自宋辽以后，塞外游牧文化与中原农耕文化在这里有了更多接触和更充分的磨合，并在与其他外来文化的不断交流、碰撞和激荡中展现出非常明显的包容性，从而也塑造了北京城市文化的博大与柔韧。易中天教授描写过北京文化“包容四海”的气度：“只有在北京，你才会真正感受到中国文化的不同凡响和气势磅礴，悠远凝重和博大宽宏，并找到一种既在世界又在中国、既能与先贤交往又能与未来对话的感觉。”[1]也正是北京城市文化中的

[1] 易中天.读城记[M].上海：上海文艺出版社，2000：123.

这种博大与包容的品质，才使北京在长期的积淀和发展中成为容纳中西、衔接内外、贯通古今、汇集四方的文化中心。

（2）包容精神的历史表现。今天北京城的规模、气度和地位，是与历史上以包容为主体和特征的北京城市发展脉络和建设理念分不开的。从历史上看，北京城市的包容精神在很多方面都有显著的体现。

第一，人口与族群上的包容。北京城的人口和民族在漫长的城市变迁中经历了复杂变化，形成今天人口和民族状况的过程实际上是一个充满包容性的变迁过程。众所周知，北京城既是历史上人口汇集和民族矛盾的焦点所在地，也是人口来往和民族融合的凝聚交汇点。因此，从古至今，无论是来自北方瀚漠还是南方水乡的人口和民族，都有可能出现在北京地区，也都有可能汇集到北京城中。随着北京城市经济的繁荣，人口也迅速增加，其成为长江以北地区居民数量最多的城市之一。北京作为一座古老的城市，在不同历史时期汇集了汉族和各少数民族，形成了多民族和谐共处、相互包容的局面。

第二，生存样态上的包容。生存样态是指人们在社会存在上的基本状况和形式，包括人们从事社会生产时的各种业态和社会生活的基本状态。生存样态上的包容是城市包容精神的直观体现，也是实现城市包容性的具体途径。城市的本真在于城市中生活和活动着的人，不仅城市品格是市民品格的反映，城市存在也是市民存在的体现，一个城市缺乏了市民将不成为城市。因此，城市中人们在衣食住行及生活实践、生产劳动中所表现出的包容性恰恰证明了城市的包容精神。就历史发展的总体趋势看，随着北京城市的自然发展，其社会也逐渐呈现出在动态发展中不断包容、不断丰厚的图景。譬如，北京城市建筑的五花八门，北京人生活习俗的多姿多彩，北京商埠集市的完备齐全，城市居民谋生、创业和市井生活形态的多种多样，都在一定程度上表明了北京城市居民生存样态上的包容，也展现了北京城市包容的魅力。以商业生活为例，北京现存的很多手艺行当都是来自外地并在北京留下来的。需要说明的是，上述北京城市中社会生产和生存样态上的包容性在历史上是与中央政府的政策及客观的城市发展现实联系在一起的。在很大程度上，社会主导思想上的中庸观念及政府运作中多元势力的角逐与平衡，都内在地提高了城市容忍度，促使城市市民在日常生存样态中表现出更大的包容性。

第三，思想文化上的包容。思想文化上的包容最能体现一个城市的包容精神，因为思想文化属于“形而上”的东西，而包容性则代表着一种气质和精神，两者具有明显的内在契合性。北京因其漫长的历史和独特的地位而得以与来自世界各地及中国内部的各种思想文化碰撞交融，从而造就了其厚重的思想耐受性和强大的文化吸附力。北京文化的源头可以上溯到远古时期周口店北京猿人遗址中出土的各种石器和精美的饰品。到了周代，这里开始产生了具有明显地域特点的燕文化。在此后的数千年时间里，北京成为国内诸家思想甚至国外文化的汇集区之一。从土生土长的儒家文化和道家文化到本土化了的佛教文化，再到来自国外的伊斯兰教、基督教和天主教等宗教文化都曾在这里出现或传播。近代以来，北京又成为中国最早传播马克思主义的地方。于德源指出，“北京是名副其实的亚欧经济、文化交流中心，欧洲和亚洲各地、各民族、各宗教的文化都在这里交汇”。[1]需要指出的是，在其包容性上，北京城市的这一特质最大限度地沿袭和保留了中国文化善于包容的特质。众所周知，中国文化是讲究和谐与包容的文化，其内在的精神是海纳百川、和而不同。正是善于包容才造就了中国文化的博大精深。当然，中国文化的包容并不是无原则地混杂苟合，而是有机融合与统一性改造，因为只有在合理改造基础上的融合才是真正的包容。

当代北京的包容精神是一种闳放豁达的城市精神。所谓闳放，是指北京城拥有大气开放、目及寰宇的视野；所谓豁达，是指北京城拥有海纳百

[1] 于德源.北京史通论[M].北京：学苑出版社，2008：284.

川、包容天下的品格。闳放豁达的视野和品质成就的是北京城市的认同性包容，这与强制性、压服性或妥协性的包容不同，认同性包容是由包容对象自发认识到并主动和自觉地追求的认同。作为包容主体的北京，其内在品质散发出的不仅是一种强大的辐射力，而且是强大的吸引力和凝聚力。北京的包容精神渗透在北京人的生活和生产实践之中，是一个历史积淀和形成的过程，反映了北京这座城市的发展轨迹和生存品质，也代表了它的品格和气度。当然，北京城从一开始并不是没有任何甄别和无条件地全盘接受一切外来事物。毋庸讳言，在认同性包容的过程中，自然也包含了合理排异的过程。在认同的基础上的包容并不是无原则的妥协和从退让中求得共容，更不是不加分辨地藏污纳垢，而是按照“尊重差异、包容多样”的原则合理地对待异己因素。北京的包容精神渗透在北京人的生活和生产实践之中，是一个历史积淀和历史形成的过程。包容精神是北京城市形成和发展中积淀和流传下来的精神主脉与总体性格。

（3）北京城市的包容度现状。北京既是世界著名古都，也是现代国际化城市。在城市建设和发展的方向上，北京正按照中央对于北京做好为中央党、政、军领导机关的工作服务，为国家的国际交往服务，为科技和教育发展服务，为改善人民群众生活服务的工作要求，强化首都职能，以建设世界城市为目标，努力打造“传统文化与现代文明交相辉映，具有高度包容性、多元化的世界文化名城”。[1]联合国人居署提出的现代意义上的城市“包容性”强调人在参与城市生产活动上的无差别性和平等性，即每个城市居民都能够获得城市所提供的机会并从中受益。按照现代国际城市发展提出的要求，“包容性城市”的核心内涵有助于实现“完全公民权”的三个相互关联的理念：一是尊重人权，二是良好的城市管理，三是实现城市的公平发展。毫无疑问，这三个理念包含了政治发展、经济发展、文化发展和生态发展在内的综合性、整体性的指标，也是检验城市建设和发展

[1] 陈刚．保护历史文化名城 彰显首都文化魅力[J]．北京规划建设，2005，(2)：5.

的基本尺度。

早在2009年10月，为了对北京这座城市的包容度进行考察，北京市统计局和国家统计局北京调查总队就开展了一项“京、津、沪、渝四大直辖市城市包容度调查”，从地域开放性、文化多样性、社会关怀、就业环境、城市管理和总体评价六个方面对城市包容性进行了测量。在调查中，研究者们概括了北京城市包容性的基本表现：一是北京城市展现了较高的地域开放性，多数被调查者肯定了外地人对于北京的积极贡献，并高度认同北京城市开放性的重要意义。二是非常赞同给予困难或弱势群体的社会关怀。调查的结果表明，96.7%的人认为残疾人拥有工作教育、家庭和社会活动的权利。三是对北京在思想文化上的包容和生活中的宽容予以认可。例如，90.2%的人对持有某种宗教信仰表示理解，94.7%的人对于青年人在创业中遭遇失败表示了高度宽容，对青年人积极参与社会创造予以鼓励和肯定。四是对政府的包容政策表示欢迎，多数被调查者对政府的相关管理工作予以肯定。[1]但与此同时，在城市包容度调查中所暴露出的问题也在一定程度上预示着现代北京的包容精神仍有必要增强，特别是在文化兼容性和市民待遇观念上。随着经济社会的发展，日益开放的北京越来越多地和世界接轨，一些原来并不存在的文化和生活现象出现了，一些原先没有的新矛盾产生了。要打造现代意义上的包容精神，对某些社会新生矛盾就需要妥善处理，对社会新兴现象也需要调整好接纳心理和做好应对准备。

2. 思想政治教育视野下的包容精神

“包容”是北京精神的重要组成部分之一，也洋溢在我们生活中的各个角落。有了包容，爱国、创新和厚德才有了丰富感和多样性，才有了充实的内容。由于历史的变迁和时代的差异，特别是由于社会制度的变迁和城市发展状态的更新，北京的包容精神在当代有了新的意蕴。概括地说，

[1] 北京市统计局，国家统计局北京调查总队. 晒一晒北京的包容性[J]. 前线，2009(12)：49.

今天所讲的北京包容精神与北京城市所处的时代背景密切联系。从时代背景上看，经济全球化是我们这个时代的一个突出特征，改革开放和推进中国特色社会主义建设事业是我们面临的时代主题与任务。加之北京是我国的首都，是发展和建设中国特色社会主义的首善之区。北京的包容精神必然要与以人为本的科学发展理念、与推动作为首善之区的北京市的文化发展与文化建设紧密相关。

传统的包容精神与当代的包容精神之间既有一脉相承的法则，也有质的差异。以历史的眼光看北京城市的包容精神，需要我们既看到城市包容性在千百年间沉淀和流动的脉络线索，即把握其一致性，同时也要看到历史上形成的包容精神与现代北京精神所倡导的“包容”之间的差别。在我们看来，在漫长的历史中，北京城市的建设和发展虽然是物质性结果，但城市的属性和气质摆脱不了其社会属性和社会特征。受阶级制度和阶级意识影响，王权贵族阶层即便是倡导思想和生活上的包容性，也不可能真正地把社会地位低下和生活在最底层的普通民众包容到平等与公正的理想王国中。这一点，恰似鲁迅先生说的：“煤油大王哪会知道北京捡煤渣老婆子身受的酸辛，饥区的灾民，大约总不去种兰花，像阔人的老太爷一样，贾府上的焦大，也不爱林妹妹的。”[1]所不同的是，今天的北京是社会主义制度下的国家首都，今天的北京精神是中华民族精神的现实缩影和典型代表，今天北京城市的包容精神是消除了封建皇权体制、消灭了剥削阶级基础之上的包容精神。这种包容精神追求的是包容主体与包容对象之间的真实平等性，特别是在尊重包容对象的人格尊严、社会角色地位和基本权利基础上的包容。就这种包容精神的特质而言，它是在坚持以人为本，保证人民在人人平等、社会公正、民生幸福的前提下弘扬和培育的真实的、科学的包容精神。这正是当今北京包容精神与历史上北京包容精神的最大差别。

---

[1] 鲁迅.鲁迅全集:第4卷[M].北京:人民文学出版社,2005:208.

当然，在社会主义社会中，在首都北京的城市空间中，并不是不存在职业分工、社会角色、生活状况和社会特征等方面的差别，但是这种差别并不是阶级差别，并不能从社会地位上把处在一个城市和不同城市的居民分属不同的阶级，也当然不能够戴上阶级性的“有色眼镜”来处理他们之间的包容性机遇和包容性状况。事实上，正是因为有着上述差别，才使得北京这座城市彰显出其包容性的精神特征和价值取向，才使北京的包容精神具有了现代性的社会特征和发展空间，在其现实的、具体的实践中也就找到了平等性包容的基础，获得了平等性包容的特征。

作为充满现代化气息的首都，北京城市的建设理念与我国推进社会主义现代化建设的指导思想是一致的。我们所要致力建设的社会是一个充满生机和活力、尊重差异、包容多样的社会主义和谐社会，我们的社会和城市科学发展的核心都是以人为本。这样的社会和城市中并不是不存在任何矛盾，也不是能够消灭一切矛盾和差别。事实上，即便是在同一个城市甚至同一个社区，人们在现实生活中也会有各种各样的利益冲突，也会有实践中和思想上的矛盾存在。北京精神所要提倡的包容并不是要彻底根除各种社会矛盾和利益冲突，也不是要回避矛盾的存在或者无视冲突的发生，而是要以最广大人民群众的根本利益为出发点，通过科学发展来构建起良性的社会运行和管理机制，营造以人民群众的利益为最高利益、不同社会主体间的利益能够协调共赢的良好局面，“最大限度激发社会创造活力，最大限度增加和谐因素，最大限度减少不和谐因素”[1]。发展人民的利益是以人为本的基本要求。在社会主义建设和城市发展中所强调的人本思想，既不同于历史上由封建统治阶级和开明地主提出的民本理念，也不同于西方资产阶级在摆脱封建束缚、追求个性自由和人性解放过程中所提出的人本主义。它由社会主义的性质所规定，注定要为最广大人民群众的利益服务。在社会主义社会的城市中，人民的利益至高无上，不容忽视，更

---

[1] 中国共产党第十七次全国代表大会文件汇编[G].北京：人民出版社，2007：39.

不容践踏。北京城市经历了从封建时代的帝王之都向新社会的人民之都的转变，在城市的性质上发生了翻天覆地的变化。新时代的北京精神强调人民性，这在精神形成的层面上是指它是由人民群众创造的，体现的是人民群众的主体地位和主导作用。但在更为深刻和内在的意蕴上，这种人民性又是对以人民群众为本的各种利益的生成和分配原则的揭示。由于人民群众的利益在根本上是一致的，因此，在城市发展和社会管理过程中，处理人民内部矛盾时就不能采用激烈的阶级斗争的方式，而是要以和谐为原则，最大限度地弥合人民群众内部利益的差异，实现城市的和谐包容。在北京城市建设和发展中，扩大人民民主、保障城市居民行使民主权利和广泛参与政治生活不仅体现着北京城市的政治包容性，也激发和扩大着北京城市的包容精神。

包容精神既涉及意识形态和思想文化等“软件”，也涉及城市的物质基础和经济条件等“硬件”。一般地说，越是经济基础雄厚、社会文明程度和人文素质较高的城市，城市的包容能力就越强。作为首都和全国的文化中心，北京拥有深厚的文化传统和丰富的文化资源，具有强大的文化吸引力和文化辐射力，拥有广阔的国内外文化市场和文化发展空间，文化增值和扩容的潜力巨大。北京在建设文化强国的任务面前责无旁贷且肩负重任，不仅需要进一步促进城市文化繁荣和发展，而且需要在全国起到典型示范和先锋引领作用。为此，北京理应更好地发挥包容精神，更好地促进城市文化的繁荣和文化成果的全民共享。尽管历史上的北京城在人口、民族、生存样态和思想文化上积淀了厚重的包容气度，它所实现的包容固然也能够展示该城市的魅力与传统，体现北京城市精神的重要特征，但不言而喻，这种包容性是由其作为军事重镇或者政治的、商业的抑或文化的重要集结点所发挥的强烈凝聚效应来支撑的。历史上统治者对于包容对象采取的是强制性或压服性政策，由此产生的所谓包容并没有完全实现高度自由的认同性包容。今天的北京既有深厚的历史文化积淀，也是一座充满着魅力和朝气的现代化国际都市。其率先参与到了经济全球化和中国改革开放的进程中，自然而然地感受到全球化的力量和影响。不同事物的相互遭遇、碰撞和互动，不同思想的共生和共存，公共参与的场所环境和不断扑面而来的信息都在不停地冲击着人们之间的交往关系，既考验着北京的包容水平和北京人的包容能力，也在一定程度上扩展了人们的理解能力和包容精神。实际上，在其开放程度和包容能力上，今天的北京已经有了更大的发展，这无疑为北京包容精神的现代拓展提供了有利的条件。

四、弘扬与培育“厚德”精神——北京精神的品质

1.“厚德”在北京城市发展和文化演变中的地位与作用

道德是决定城市发展水平的重要力量，提升城市道德水平是现代化大城市建设、发展题中应有之义。北京在其历史发展中，孕育和彰显了中华民族传统美德，并在不同层面涵养了城市的气质，可以说，历史上的北京就是厚德之城。北京在建设中国特色世界城市的进程中，把厚德作为城市精神和城市形象，并将其转化为建设现代化国际大都市的物质力量，显示出高度的文化自觉与自信。践行北京精神，逐步走出一条以科学发展为统领的城市思想道德建设之路，必将展现出道德力量与城市发展共鸣的新气象。

（1）京畿之民的厚重礼数。北京人民的厚德在于内心的仁义。仁，是爱人、仁爱；义，是正义，即人间正道，就是当仁受到阻碍时，要不惜以异常手段乃至生命去捍卫仁。文天祥在《正气歌》中写道：“皇路当清夷，含和吐明庭。时穷节乃见，一一垂丹青。”君子在“含和”时可以闲庭信步般地自在和安详；但“时穷”时，就须以特殊的个人气节或正义行为去拯救。当然，仁义挥洒的范围可能有大有小，大到国家大事，小到个人琐事，但没有实质上的大小、高低、贵贱之别。

北京人民的厚德体现在容让品格上。只有善于容让的人，才能拥有厚德。北京人民的厚德还体现在尚礼中。“礼”这个词的含义很丰富，既有国家大礼，也有日常生活的礼俗。那些举行祭祀典礼的地方庄严肃穆，令人油然而生敬畏之心、崇敬之情。“礼”更是渗透在北京的民俗、民风之中。一年到头，大小节庆，都有规矩。人际交往中，对言行举止更是要求处处礼数周到。久而久之，讲礼貌成了全国人民对北京人的突出印象。

在北京传统民俗中，老北京人在行动坐卧、言谈话语、衣食住行、相互交往等各个方面都讲一个“礼”，即讲个“理”。北京人民恭谦有礼、热情大方，诚信、友爱、互助、奉献已成为北京人民的生活信条。当今，“礼”这个古老的观念，逐渐剔除了封建等级制、家长制的糟粕，保留了其中的精华，又增加了反映时代要求的新内容，继续在我们的生活中发挥着调节关系、约束行为、培养素质的作用。现在我们讲究的“礼”，应该包含着“法、理、情”三重含义。“礼”中的“法”，意味着法制、法度、秩序、规矩。“礼”中的“理”是道理，既有道德的道理，也有社会公认的公序良俗，还有自己作为社会公民的一切应尽的义务。“礼”中的“情”，既指熟人之间的亲情、友情、爱情，也指陌生人之间的互相尊重、谦让、爱护。法、理、情各有发挥作用的范围，不能互相取代；它们又各有所长、各有所短，必须结合起来。如果做人做事都能够做到既合法又合理还合情，就达到了比较高的境界。

（2）首善之区的尚德风尚。司马迁在《史记·儒林列传》中写道：“故教化之行也，建首善自京师始，由内及外。”北京作为首善之区，不仅是全国各族人民向往的地方，更是全国人民的精神家园。北京把厚德作为城市精神的品质，旨在强化“德”在调整社会关系，推动自然、社会和人协调发展中的力量及建立起良好的社会秩序、社会风尚和伦理生活方式，构建起崇高的精神家园，为建设“人文北京、科技北京、绿色北京”和首善之区奠定文明基石，形成依法治市、以德兴都的良好局面。

胡同文化作为北京城的典型文化符号特征，不仅规范了北京人的生活，而且塑造了他们的内心思想。北京人民的厚德属于一种与北京城市的典型符号特征紧密联系的处世有方、为人正直之厚德，有利于创造一种家和万事兴的和睦气氛。

北京老字号是历史文化的宝贵遗产，具有浓郁的民族特色，是北京这座历史文化名城的重要元素。北京老字号在长期的经营实践中，秉承中华民族优秀的道德传统，不但创造了几十年甚至数百年永续经营的品牌，更成为北京重要的历史记忆和宝贵的精神财富。北京老字号崇尚商德，把雅德作为兴业的必要条件。明清时期，北京重官轻商、重文轻商的社会风气浓厚。商家为了在京城立足，就要贴近雅文化，结交有德名士，习练儒商斯文，提升经办店铺的文化档次。其实，老字号长盛不衰的秘诀就在一个“德”字上。全聚德烤鸭店一百多年来名扬天下，全靠这家老店的经营之本和治店之道，即周总理作出的精辟诠释——“全而无缺，聚而不散，仁德至上”。同理，张一元的茶道则是：“人品如茶品，做茶先做人。”北京老字号以诚信立业，根植于中华“厚德载物”的传统美德。关于诚信，自古就有“见利思义”“君子诚之为贵”“诚者，天之道也；思诚者，人之道也”等说法，讲的是重义轻利的义利观，更是强调了诚信是道德内涵的重中之重。老字号以诚信为立店之本，正是传承了中华传统美德，弘扬了中国传统哲学的宝贵精华。老北京的商人有恪守诚信的传统，也素来主张文明经商和讲究礼数，否则，就难以在“首善之区”生存下去。

“土扶可成墙，积德为厚地。”践行厚德精神，就要光大爱国之德、重公之德、奉献之德、诚信之德、忠孝之德、仁义之德、感恩之德，把“厚积操行品德”视为我们工作、学习、生活过程中的不懈追求，日以养息，日久生成。践行厚德精神，要以社会公德、职业道德、家庭美德、个人品德建设为载体，把推进首都科学发展作为自己的使命，把树立首都形象作为自己的责任，把弘扬北京精神视为自己的骄傲，努力为建设中国特色世界城市贡献自己的力量。

2.思想政治教育视野下的厚德精神

中华人民共和国成立后，以社会主义思想和价值观为核心的道德伦理成为社会道德风尚的主流。以公有制为主体的社会主义基本经济制度的建立，为全社会打下了共同利益的坚实基础。改革开放以来，社会主义初级阶段基本经济制度的确立和完善，使多种经济成分得到迅速发展。从社会主流道德来看，集体主义道德原则仍然是社会道德的主旋律，以公有制为主体的基本经济制度是社会共同利益的基石。同时，过去实行单一公有制时造成的利益“大锅饭”局面和平均主义的道德弊端得到了根本改变，国家利益、集体利益和个人利益之间的统筹兼顾有了更大的发展和实现的余地，按劳分配原则获得了有力的道义支撑。新的道德观念和道德规范解放了人们的思想，更新了传统观念，激励着人们勇于变革、勇于进取、勇于探索、勇于创新，在迈步破除不符合时代精神的陈规陋习的进程中，不断为人们的行为确立新时代的标杆和准则。

北京在发展的进程中，始终高度重视社会的精神文明建设尤其是思想道德建设，用先进的道德思想武装人民，用高尚的道德精神激励人民，用优秀的道德榜样引导人民。新的道德标准及不断开展的群众性道德建设活动，为社会的全面发展进步营造了良好的精神道德环境，提供了强大的精神支撑和内在动力。从20世纪60年代起，北京市广泛深入地开展了学习雷锋和焦裕禄的活动，培育出一大批无私奉献、爱岗敬业、助人为乐的道德楷模，社会风气清朗和谐。20世纪90年代，为适应改革开放的时代要求，继承中华民族的传统美德，发扬党领导人民在长期革命斗争与建设实践中形成的优良传统道德，借鉴世界各国道德建设的成功经验和先进文明成果，北京市从公民道德建设入手，制定了《首都市民文明公约》，从而强化了积极、进步、向善的社会主流道德舆论和主流道德观念，促进了改革开放、进取竞争、自由民主、公平公正、和谐包容、生态环保等道德意识的形成；对形成追求高尚、先进的良好社会风气，推动社会主义市场经济的健康发展，促进整体市民素质的不断提高起到了强有力的推动作用。

进入21世纪，北京市贯彻《公民道德建设实施纲要》，并进一步制定了实施意见，社会道德建设领域大大拓展，对市民道德素质提出了更高要求，对社会整体道德质量提出了更高标准，社会公德、职业道德、家庭美德、个人品德等各个领域受到越来越多的关注和重视，道德建设的触角日益向社会生活的各个层面延伸，道德调节社会关系的广度不断扩大、深度不断加深。多年来，北京市围绕建设"一流的市民道德素质、一流的服务质量、一流的文化氛围、一流的社会风气、一流的人文环境"的奋斗目标，持续开展"公民道德建设宣传年""学道德模范，做有德之人""做文明有礼的北京人"等主题宣传教育实践活动，大力弘扬爱国主义精神、奥运精神、抗震救灾精神，广大市民的民族自信心、自豪感空前高涨，公民基本道德规范深入人心，并逐步内化为市民的自觉行动，未成年人和大学生思想道德建设深入推进，全社会道德水平明显提升，健康向上的道德风尚成为社会主流，涌现了一大批道德模范、首都精神文明建设奖获得者、文明北京新市民和万名孝星，为首都科学发展营造了良好的社会环境。

北京作为国家的政治和文化中心，理应成为践行社会主义核心价值体系的表率。厚德作为北京精神的要义之一，高度契合了践行社会主义核心价值体系的要求，北京精神中提倡的厚德，包含了以为人民服务为核心，以集体主义为原则，以爱祖国、爱人民、爱劳动、爱科学、爱社会主义为基本要求，与社会主义市场经济相适应、与社会主义法律体系相配套的社会主义道德，也继承了中华传统美德中"仁义礼智信"等一切美好品行的道德范畴，是融现代美德和传统美德于一体，充分体现当今时代性和历史继承性相统一的新道德体系，可谓承前启后、覆盖内外。这既是对历史的概括和总结，又是对未来的构建和期待；既褒扬了古都北京的优良传统，又对朝气蓬勃的新北京提出了更高、更新的要求，充分体现了北京的城市信仰和城市气质，充分展示了全市人民的性格和品质。城市文明发展的经验启示我们，城市功能的完善离不开道德力量。社会公德、职业道德、家庭美德和个人品德都是和谐文明城市必不可少的因素。建构和发展符合时代要求的城市文化精神，培育和提升城市公民的道德文化素养，是解决城市发展问题、促进城市可持续发展的首要选择。立足北京的首都地位，发扬伟大的中华民族精神，强化道德的力量和影响，是我们建设首善之区、迈向世界城市进程中的必然要求。

五、应完整准确地理解和把握北京精神的“四个统一”

1. 北京精神是城市精神和核心价值的统一

城市精神蕴含着一种价值导向。城市精神往往以国家、民族精神为基础，是一种意识形态的集中体现，蕴含着国家和民族的共同价值取向。社会主义核心价值体系赋予北京精神以质的规定性，指导着北京精神的弘扬和践行，而北京精神为首都推进社会主义核心价值体系建设提供了新的实践载体。北京精神不是抽象的概念，它来自人民、来自实践，具有广泛的群众基础、鲜明的实践特征和明确的价值导向。北京精神具有人民性。北京精神的主体是人民群众，人民群众既是北京精神的创造者，也是北京精神的实践者。长期以来，一代又一代的北京人民不断地创造、传承、实践着自身的精神追求。今天，之所以提出“爱国、创新、包容、厚德”组成的北京精神表述语，实际上就是要更加自觉地发掘好、利用好北京人民这种固有的精神气质，使其更好地发挥凝聚力、引导力。而这种发掘和提炼本身也是北京人民的自觉行为。北京精神是北京人民的精神，它由人民孕育、传递、实践，由人民评选、弘扬、践行，实际上是北京人民精神世界的同心圆，是他们心灵世界的共同投影。不可否认，每个人都有自己的价值观，但个体的文化差异并不能否认和替代一个城市共同的价值追求。

"爱国、创新、包容、厚德"是北京这座城市的集体人格。从其目标和归宿来看，北京精神必须真正内化为全市人民的行为动力和原则，成为普遍的价值实践，才能起到应有的作用。

2.北京精神是城市共性和北京个性的统一

"爱国、创新、包容、厚德"体现了城市共性与个性的完美统一。从本质上讲，城市个性实际上是城市共性在这个城市的突出表现。例如，爱国固然是全国各地乃至国外城市的共同精神，但是，北京作为首善之区，将爱国置于北京精神的首位，意在强调北京是中国的首都和政治中心，不是一般地讲爱国，而是要理所当然地充当践行爱国主义的先锋、模范、形象、旗帜。再如，不少城市精神都包含创新，但是，无论是从创新的传统，还是从创新的资源、创新的追求上讲，北京在全国应该说都是别具一格的。正是这种创新资源的聚集孕育了北京这座城市的创新品格、创新追求。北京精神中的包容、厚德也是如此，它们既是一种共同的价值追求，同时更是北京在特定的地理、历史、文化环境下形成的一种独特的文化现象和精神风貌。

3.北京精神是城市特质与市民气质的统一

从精神层面上讲，城市和生活在其中的市民是融为一体的。北京无论有什么景观，也无论有多么丰富的文化遗产，归根到底都是一代又一代北京人的智慧和感情的具象化。北京的建筑反映了北京的一种中和、秩序的内在哲学精神。目前，北京拥有文物保护单位3000余处，正是它们构成了这座城市的文化价值底蕴，构成了这座城市永不消失的景观。它们既是一种价值载体，更是北京人民的智慧结晶。北京作为中国的首都，在生产方式、生活方式、发展方式等方面都具有一定的示范性。而其中最能体现北京城市内涵的莫过于首都人民的人文素养和精神力量。这种思想境界既体现为传统的北京人重感情、重礼数的特点，更表现为当代首都人民的首善意识、责任意识、文明风范、开放心态、包容品质与创新精神。北京精神正是把城市特质与市民气质有机地融合在了一起。

4. 北京精神是历史底蕴和未来愿景的统一

北京精神是北京在迈向中国特色世界城市、建设中国特色社会主义先进文化之都已然成为共识的背景下提出的，具有团结力量、凝聚人心的重要作用。这就需要将北京精神的完善从世界城市发展的角度，按标准和要求，转化为城市未来发展的内在动力。“爱国、创新、包容、厚德”作为北京精神的表述语，把北京的历史文化特质、时代精神和发展愿景有机地结合起来，体现了从历史到现实，再从现实到历史的双重维度。北京精神的表述语，一方面是对北京悠久、独特的历史文化传统和时代精神的精准概括；另一方面也是对北京科学发展、和谐发展和可持续发展这种美好未来的一种新的期待。我们对北京精神的理解，也必须遵循历史与现实的统一，在立足时代、尊重历史的基础上充分挖掘其符合时代精神的丰富内涵。

第二节　思想政治教育视野下北京精神培育的现状分析

一、思想政治教育视野下北京精神培育的积极效应

1. 北京精神培育提升社会道德风尚和人的道德素质

北京精神培育能够对道德风尚培育起到引领作用。一个社会是否和谐，是否长治久安，很大程度上取决于全体社会成员的思想道德素质。道德是调整社会关系，规范人们行为的基本准则，是形成良好社会风尚和人际关系的重要保证。如果一个社会没有共同的道德规范，就会失去普遍遵循的行为准则，无法协调不同利益主体的相互关系，也就无法实现社会和

谐。当前，改革开放在推动经济快速发展的同时，也引起了社会领域的深刻变化。社会主义核心价值体系大力倡导和弘扬社会主义荣辱观，有助于增强公民的社会责任意识，引导人民正确处理国家、集体、个人利益的关系；有助于促进人际和谐，引导人们遵守公民基本道德规范，形成男女平等、尊老爱幼、扶贫济困、礼让宽容的人际关系；有助于人的心理和谐，引导人们正确对待自己、他人和社会，正确对待困难、挫折和荣誉；有助于促进人与自然的和谐，引导人们树立节约资源、保护环境的意识，树立科学发展、可持续发展的意识，推动整个社会走上生产发展、生活富裕、生态良好的文明发展道路。

从社会层面看，北京精神培育将有力地推进整体精神文明建设，促进人的道德建设。当前，我国正在为建设中国特色社会主义而奋斗，社会主义文明建设不仅要求物质文明有极大地发展，而且要求精神文明也有一个极大的发展。从个体层面看，北京精神培育是现代社会人的自觉生存和发展的需要。大千世界，唯有人以生活作为自己的存在方式，其余都仅仅是存在着或者是生存着。北京精神培育以对人生规律性的科学把握指导人们明确人生方向，确定人生态度和方法，帮助人们处理好种种关系，做到立足现在，放眼未来，审时度势，扬长避短，最大限度地开发自己的潜力。北京精神培育帮助人们面对各种道德现象和道德观念作出合理的选择，帮助人们将外在的道德规范转化为内在的道德要求，帮助人们将他律转化为自律。道德生活乃是个人生活的重要层面，并与其他层面的生活彼此渗透、交融，构成个人生活的重要方面。当自己对家庭的责任与对祖国的责任无法兼顾时，自己该如何选择？当遇到处于危难中的人，是伸出援助之手还是无动于衷？当遇到歹徒逞凶，是挺身而出还是溜之大吉？人们在做出选择的过程中反映出不同的道德境界和情操。当然，人的道德品质不是天生的，而是后天习得的。通过学校教育、家庭教育、社区教育等方式，将社会主流的道德规范灌输给个人，个人才能逐步成为“社会人”。

北京市先后制定社会公德、职业道德和家庭伦理道德等各类行为规范，重点开展了以宣传贯彻落实《首都市民文明公约》和《首都市民文明守则》为主要内容的思想道德教育，在促进公民通过自律和他律，形成良好的道德意识和道德习惯方面，起到了一定的积极作用；以各行业系统为主体开展的"职业道德大讨论"活动和在城乡社区开展的"五好文明家庭"评选活动，使职业道德、家庭美德更加深入人心；结合城乡环境建设的突出问题，开展"保护生态环境，倡导文明新风"活动，组织绿色志愿者行动，使全市城乡环境面貌有了较大改善。多年来尤其是近几年来，北京涌现出一大批先进模范人物。

2.北京精神培育促进城市功能优化

进入21世纪，北京市获得了前所未有的高速发展。"爱国、创新、包容、厚德"作为北京精神的表述语正逐步融入首都经济社会发展和市民日常生活的各个领域、各个方面和全过程。北京精神应成为首都城市发展的核心理念和目标追求。为确保北京城市功能的正常发挥，为日益增多的国内和国际交往提供便利条件，为促进国家的教育科学文化事业发展，要求在城市的管理中必须高扬北京精神，大力实施管理创新，面对制约首都发展的瓶颈，如水资源紧张、大气污染严重、交通拥堵、城乡差距过大等新问题，厘清工作重点，实现科学管理，为实现首都所承载的各项功能充分发挥奠定坚实的基础。

北京精神为北京市加强和改进城市管理提出了新的要求和目标，同时也提供了新的思路和方法。北京精神是城市性质和城市功能的文化凝聚，用北京精神鼓舞北京市民，对北京精神进行理论思考和实践探索，必然会对当前及今后社会氛围起到一个逐步提升的作用。从首都北京自身来看，须履行好"四个服务"职责，即为中央党政军领导机关服务；为日益扩大的国际交往服务；为国家教育、科技、文化和卫生事业的发展服务；为市民的工作和生活服务。从国家对首都北京的要求来看，习近平总书记2014

年2月视察北京时对北京的城市功能定位的要求是“四个中心”，即全国的政治中心、文化中心、科技创新中心、国家交往中心。从全球视野来看，首都北京应当在国际化世界城市的建设布局中，抢占发展制高点。回望首都经济建设与发展，伴随经济体制改革已经在基础建设、惠及民生、结构调整、产业升级、生态保护、交通运输、科技研发、自主创新、开发区建设、城乡一体化、文化教育、医疗卫生、居住环境、文明社区、社会保障等多方面取得了显著成效，具有以下明显优势。

第一，科技优势。截至2014年6月，北京地区的科技资源总量占全国的1/3，拥有中央和地方各类科研院所400余所，其中中央级科研院所占全国的74.5%；拥有国家重点实验室111家，占全国的30.9%；国家工程实验室50家，占全国的36.0%。

第二，文化优势。北京作为历史文化名城，是世界著名古都，有故宫、长城、周口店北京猿人遗址、颐和园、天坛、十三陵等世界文化遗产，全国重点文物保护单位98处，中国历史文化名村4处。北京作为首都，成为国家主要文化、新闻、出版、影视等机构所在地，国家大型文艺演出和体育赛事举办地。汇集了大批文化人才，人才资源居全国之首，截至2016年，北京地区人才资源总量已达到651万。人才对北京经济增长的贡献率达到了51.8%，居全国领先地位。北京地区有“两院”院士756名，约占全国1/2；国家“千人计划”入选者1486名，约占全国1/4。[1]

第三，总部经济优势。2016年，北京总部经济发展进入了一个新阶段，总部企业数量净增70家，达到4007家。世界知名企业在京设立跨国公司地区总部达到161家，其中，外国的世界500强企业投资的地区总部达67家。

北京精神还为北京城市环境建设提供了文化心理基础和精神动力。自北京精神提出以来，北京市民环境意识明显提高。比如北京市民越来越关

[1] 吴迪.北京地区人才资源总量已达651万[N].北京日报，2016-12-27.

注机动车排放废气造成的污染，积极支持政府对机动车尾气的治理。当遇到有人在公共场所做出破坏环境的行为时，更多人会采取行动来抵制破坏环境的行为。弘扬北京精神，就是要将城市发展建设与生态环境改善紧密结合，建设“绿色北京”，以技术进步、制度创新为动力，努力把北京建设成为生产清洁化、消费友好化、环境优美化、资源高效化的绿色现代化世界城市。根据北京精神培育的新要求，要积极推进以低碳生活、绿色消费、绿色创建等为内容的北京精神培育系列活动，借助自然的、社会的生活资源让全体市民融入北京精神培育的美好情境中，在体验中丰富市民的精神智慧。弘扬北京精神提高了公众环保行动力，提高了公众对资深环境行为的要求，促使大众传媒关注环境保护。曾经灯火通明、车流不息的纽约是美国梦的象征，相信在不远的将来，天蓝水碧、绿树成荫的北京和居住在此的生活简朴、格调高雅的北京市民，将成为中国梦乃至世界梦的代表。

3.北京精神培育推动物质文明进步和经济效益提高

在北京城市建设和发展中，经济发展和社会发展之间既有潜在的矛盾，也能够相互协调、互为支撑。实际上，城市在促进经济发展和社会发展中难免会在政策和资源等方面出现不融洽的问题，这就需要我们以北京精神为引领，用包容的手段和正确的思路去减少冲突，化解矛盾，保障首都的科学发展。通过北京精神培育，提升广大市民的精神境界，引导广大市民把北京经济发展的内在要求转化为自身的奋斗目标，使北京精神成为动员和凝聚广大市民为共同理想而奋斗的精神力量。改革开放以来，在中国共产党的领导下，北京经济发展成效显著，北京人民经济社会生活发生了翻天覆地的变化。北京作为名副其实的金融管理中心，是国家金融决策中心、监管中心和信息中心，对全国金融和经济运行具有全面和深刻的影响。三大政策性银行，工、农、中、建、邮五大国有商业银行，六家股份制商业银行，四大资产管理公司总部均在北京。

值得注意的是，促进经济效益的过程不仅是拓路、建房等加快城市化的过程，如果离开了北京精神的引导，就可能使经济发展偏离文明发展的道路，一味地追求物质财富的增加、GDP的增长，就必然使周围的生态环境进一步恶化，导致经济发展不可持续。人类文明的进步不应仅仅是物质文明的进步，更应当是在物质与文明的基础上以人的素质提高为主要标志的精神文明的进步。如果只重视物的因素，忽视人的因素，就必然会使经济发展的负面效应大于正面效应。工业化和城市化的进程不是一劳永逸的过程，文明的创新与进步才是经济可持续发展的内在动力，离开了文明的进步与创新就不可能使经济在持续发展的过程中增强自身的免疫力，正确应对伴随发展过程中的各种问题。

二、思想政治教育视野下北京精神培育的不足

1. 人们对北京精神培育的重要性和长期性认识不够

在北京精神培育的前进道路上，在肯定成绩的同时我们也要清醒地认识到，北京精神培育的工作还存在不少亟待解决的问题，一些市民尤其是领导干部对北京精神培育的重要性、紧迫性认识不够，推进北京精神培育的力度不大，办法不多。一部分市民尤其是领导干部视野还比较狭窄，对北京精神培育的长期性认识不足，对北京精神培育重要性的认识不够全面。只有重视北京精神，加强北京精神培育，才谈得上北京精神的培育与弘扬。有些市民包括领导干部还存在着只看经济发展指标，忽视精神文明指标的现象。无论是区域发展评价体系或是干部政绩考核体系，“只见物、不见人”的观念和做法普遍存在。

以上所有这些都决定了北京精神培育的长期性和复杂性。北京精神培育是一项长期的战略任务，北京精神培育需要大力宣传教化，以便成为全社会的文化自觉意识，成为推动北京经济社会进步的内在动力。要继续以

北京精神培育为目标，全面加强和推进北京精神培育，为首都改革开放和现代化建设提供强大的精神动力、智力支持和思想保证，使与社会主义市场经济体制相适应的道德规范和价值观念在全市人民群众中得到强化，让“爱国、创新、包容、厚德”成为全社会的主旋律。要加强对《首都市民文明公约》《首都市民文明守则》的宣传和实施，积极倡导遵纪守法、文明礼貌、爱护公物、助人为乐的社会公德；爱岗敬业、诚实守信、办事公道、服务群众、奉献社会的职业道德；尊老爱幼、夫妻和睦、勤俭持家、邻里团结的家庭美德。要重视青少年的思想道德教育，为青少年的健康成长创造良好环境。如果我们对这些问题认识不足，就会缺乏有效的对策。我们不可避免地会遇到许多困难和问题，需要全市人民同心同德、勇于奉献，作出艰苦的努力。

2. 对推进北京精神培育的工作落实不够

近几年来，北京市委、市政府坚持把着重点放在提高市民素质和城市文明程度上，立足于培养社会主义“四有”新人，动员群众广泛参与精神文明创建活动。目前，虽然在精神文明建设方面作出了不懈的努力，在北京精神培育方面做了许多具体工作，但是，也存在着北京精神培育的举措落实不够有力、工作不够深入的问题，在统筹部署、综合协调等方面还存在一些薄弱环节，特别对于北京精神培育中出现的新情况和新问题研究得还不够深入，抓落实的力度和措施仍然不够。此外，对社会主义市场经济条件下的北京精神培育缺乏成熟的经验，对市民进行思想道德教育的力度不够，在充分发挥市委、市政府有关职能部门的作用，做好布局，相互协调，通力合作，形成北京精神培育工作的合力上仍有欠缺。因此，需要出台北京精神培育方案，尽快建立北京精神培育领导小组，把握大局，战略上勇于进取，战术上稳扎稳打，推进各项具体举措落地，要有具体方案时间表，在北京精神培育总体工作思路上多动脑筋、多下功夫。

3. 对北京精神培育的机制性和创新性问题突破不够

对北京精神培育的机制性问题目前突破不够，影响了北京精神的发展与提升。要加强北京精神的机制性建设，为北京精神培育提供制度保障。北京精神培育要抓出成效，关键在于领导。各级党委、政府要切实提高认识，增强搞好北京精神培育的责任感和使命感，为精神文明建设提供有力的保证。要按照中央的有关要求，按照“政治强、业务精、作风正”的要求，提高北京精神培育队伍的整体素质，建立、完善并充分发挥北京精神培育工作机构和队伍的作用。在更好地发挥宣传、思想、文化等工作部门在北京精神培育中的作用的同时，要十分重视志愿者队伍的作用，吸引更多的群众自觉地成为精神文明的建设者。要形成各部门密切配合、分工合作，社会组织和广大群众积极参与、齐抓共建的运行机制。各级领导要从社会主义现代化建设的全局出发，把北京精神培育纳入本地区、本部门经济和社会发展的总体规划，切实保证和增加北京精神培育必需的资金投入。各级政府要通过经济手段和政策导向，保证精神文明建设所需的经费。同时，调动社会各方面力量，多方筹集资金，形成多渠道的教育、文化及群众性精神文明建设活动投入机制和多层次的投资主体，保证北京精神的落地生根。

对北京精神培育的创新性问题目前突破不够。加强北京精神培育，必须创造性地开展工作，进一步探索具有首都特色的北京精神培育新路子。首先，要坚持和完善在实践中形成的一系列行之有效的工作思路与方法，深入研究北京精神培育中的新情况、新特点，探索新形势下北京精神培育的规律，努力实现北京精神培育工作与其他各项实际工作紧密结合，解决思想问题同解决实际问题紧密结合，教育群众同服务群众紧密结合，确保北京精神培育各项工作落到实处。其次，要紧密结合首都现代化建设的实际，充分尊重群众的首创精神，积极探索，大胆改革，通过创造性地开展工作，寻求精神文明建设工作的新思路、新方法、新机制、新载体，着力提高精神文明建设的水平。

三、思想政治教育视野下北京精神培育的要求

1.创建好的思想政治教育环境

思想政治教育环境是一个极为广泛而复杂的系统，客观的环境因素影响着人的思想政治品德的形成和发展。我国改革开放以来，以经济建设为中心，实现了长时期的经济繁荣和政治稳定，为思想政治教育创造了十分有利的前提条件。要让北京精神深入人心必须要有一个和谐的氛围，需要良好的思想政治教育环境。北京精神培育面向的是北京市人民群众，不是哪几个人的问题，是全市的事情。为了创造好的思想政治教育环境，首先，各级党委和政府要抓和管。其次，各单位要抓和管。即各单位的党组织和行政管理系统，如宣传思想、业务管理、人事管理、后勤管理等部门都要结合各自工作做思想政治教育工作。最后，利用各种社会团体联系群众的纽带作用对群众进行思想政治教育，把各个组织、部门的优势发挥出来，形成一个齐抓共管的局面。

思想政治教育环境对北京精神培育的实施有很大的影响。目前我们在北京精神培育上取得了很大的进步，但也要看到现实生活中确实存在着一些不明是非、不知荣辱，把腐朽当神奇、把低俗当时尚，道德滑坡、行为失范等现象。当然，唯物辩证法告诉我们，外因只是变化的条件，内因才是变化的根据，外因必须通过内因起作用。一般地说，环境中的积极因素会促进人健康的、先进的思想的产生和发展，但环境中积极因素和消极因素有时交织在一起的，有的还是潜在的，因此需要把握环境构成的各因素相互关系及其对人的思想产生影响的规律。思想政治教育环境的好坏，对北京精神培育成效有着至关重要的影响。营造良好的思想政治教育环境，

不仅有利于提高北京精神培育活动的质量，而且有利于促进践行北京精神的优秀人才脱颖而出。

随着我国同国际社会的交往与日俱增，西方的思想文化、生活方式与我们的社会规范和社会秩序不可避免地发生撞击，产生这样或那样的影响。社会存在决定社会意识，经济体制和社会结构的变革，社会物质生活的变化，新旧矛盾的交叠，必然会引起包括个人情绪、群体心理、社会心态及人们理想信念和价值取向等在内的整个社会意识领域的重大变化，这给思想政治教育带来前所未有的重大挑战。在相当长的一个时期里，我国仍处于新旧体制转换的过渡阶段。在这个过渡阶段，无论在经济、政治领域还是在思想文化领域，都存在着许许多多不同寻常的矛盾和错综复杂的问题，给整个社会生活带来了一系列“摩擦”和新矛盾。在现实社会生活中，以权谋私、权钱交易、用人唯亲、拉帮结派现象充斥着一些地方的党政部门；以言代法、以权压法、徇私枉法、以罚代刑、执法犯法之类的事常有发生；有的大众媒介采用迎合受众低级趣味的方式，制作品位低下的信源，淡化自身的社会责任感，对反映社会阴暗面的报道过多，弘扬社会正面的作品较少。思想政治工作者面对多种所有制经济并存的社会环境，有大量的化解矛盾、调节关系、理顺情绪的艰巨工作要做。创造良好的思想政治教育环境，既是社会主义精神文明建设的重要内容，也是培育和践行北京精神所迫切需要的环境和条件。

2.积极应对全球化带来的冲击

在经济和信息全球化的背景下，欧佩克组织、上海合作组织、亚太经济合作组织等机构文化形态的融合，既表达了人类文明的高度相融，又凸显了各区域、各民族价值取向前瞻性的思考。这些世界范围内不同思想文化之间的交流、交融和交锋带来了新的文化发展潮流，同时也必须看到，所谓全球化并非是世界大同社会的真正形成，当今人类文化呈现出前所未有的整合现象，也出现了多种社会思潮涌动、多种价值观碰撞的情况。某些西方国家搭上经济全球化的“便车”，利用网络等新媒体传播“西化”思想，手段更加迂回、更加隐蔽，渠道更加“合法化”，中国的国家文化安全面临严重威胁和挑战，维护文化安全已成为我们不可回避、必须积极应对的重大问题。北京作为发展中国家中的大城市，处在全球化带来的各种文化挑战的最前沿。近年来，某些西方大国利用经济交流，在全球推行西方的文化思想、价值观念和政治经济模式；或者采取多种方式进行文化扩张，大力开拓和占领世界文化市场；或者利用国际文化交流，大肆进行文化渗透；或者强化冷战思维，以思想文化为阵地，对发展中国家和社会主义国家进行一场规模空前的“没有硝烟的战争”，力图改变广大发展中国家的价值观念。为此，我们必须提高警惕、积极应对。

以爱国为核心的北京精神的提出，从战略的高度让我们认识到践行北京精神对于维护国家文化安全有着特殊的意义。弘扬北京精神，对于培养人们的爱国主义精神、创新意识、宽广胸怀和深厚的道德修养，提高首都文化软实力具有重要的意义。弘扬北京精神能够激起市民群众内心深处的共鸣，从而化解那些难于化解的不和谐因素，形成推进个人与社会、物质文明和精神文明协同发展的强大合力。当然，世界上任何一个城市都不会孤立地发展。北京建设世界城市，将带动我国经济、政治和文化加速融入全球化竞争，进一步提高国家竞争力和世界影响力。北京建设世界城市，具有加快转变经济发展方式的意义。在复杂的全球竞争形势下，北京需要也必须在借鉴其他城市发展经验的过程中不断创新发展。而且随着国内外形势的变化，北京精神也是不断发展和日趋完善的。世界形势一直处于不断的变化之中，我国在国际事务中的角色也是要不断地进行调整的。北京要根据这两个方面的情况调整自身发展的定位，并由自身的定位来确定城市发展的精神。

3. 积极应对城市化进程产生的不利影响

城市是人类社会进步的产物，是人类文明的集中体现。目前，中国的城市化正在飞速发展，城市规模的无限扩张必然导致交通拥堵和空气污染等城市问题。在北京向世界城市目标迈进的今天，其发展面临严峻挑战：交通拥堵、环境污染、生态赤字、空间紧张，城市病发作；人口资源环境矛盾突出，特大型城市运行管理压力巨大，经济增长动力转换不尽如人意，社会结构更加复杂，制约发展活力的体制机制障碍有待突破。

资源能源约束加剧。土地资源紧张，全市人均土地不足1000平方米，不到全国平均水平的1/6。水资源严重短缺，多年平均水资源量为远低于1000立方米每人每年的国际警戒线，不到全国平均水平的1/16。北京是全国第二大能源消费城市，能源对外依赖度高。未来，北京市对资源、能源的需求仍将刚性增长，外输、外供的比重还会增加，城市运行保障的压力将越来越大。

生态文明建设任务艰巨。污水处理能力严重不足。垃圾围城问题凸显，8座大型垃圾处理设施处于超负荷运行状态，7座垃圾卫生填埋场将在2至3年内填满封场。小街背巷、边角地区存在脏乱差现象。城乡接合部私搭乱建、脏乱问题安全隐患多，严重影响首都形象。PM2.5浓度值超出国家即将出台的新标准值（35微克/立方米）近一倍（60~70微克/立方米）。此外，北京土壤污染、地质灾害很多，水泥建筑、硬化路面、湖底渠底防渗使雨水难于下渗补充地下水，加重了雨洪灾害和水质污染。人口膨胀，资源消耗、环境超载严重，生态赤字急剧增大。尤其是交通问题成为当今世界所有的现代化大都市最头痛的城市问题之一，也成为制约北京宜居水平的瓶颈因素之一。综合预测，2020年北京市全日出行总量达到7600万人次，小汽车的年均行驶路程是伦敦的1.5倍多。而且相比其他世界城市而言，北京市民的交通文明意识和规则意识还有待进一步提高，因此需要进一步推进交通文明建设，从细微处入手，不断提高市民的文明素质。

值得注意的是，北京在城市快速发展过程中，利益诉求多元、新老二元矛盾、人口老龄化等问题相互交织，收入分配、教育、医疗、住房、养老等问题日益成为社会关注焦点，解决这些矛盾和问题是一个长期艰巨复杂的过程。同时，在城市化进程中，保存北京精神的特质和历史根基并在深层次上继承与创新也是一项极具挑战性的任务。北京市应当坚持以北京精神为引领，提高社会管理精细化水平，形成市、区县、街乡、社区四级社会建设工作体系，加强并创新重点领域服务管理，创新流动人口服务管理模式。必须统筹城乡发展，重点在加快郊区发展，关键在创新体制机制。突破局限于“三农”而谈城乡统筹的体制机制束缚，发挥大城市、小郊区的优势，坚持以城带乡、以工促农，在政策上加大对郊区的倾斜力度。

北京以提炼和培育北京精神为抓手，把文化建设与本地特点联系起来，通过提炼和培育北京精神，旨在使文化建设、社会主义核心价值体系建设与本地文化、本市群众的心理情感挂钩，使文化建设“接地气”并落地生根。通过提炼和培育北京精神，使北京这座城市的形象更鲜明、特色更突出、目标更明确、功能定位更准确，对城市的发展规划建设、市容市貌、市民素质等也能起到一定的指引和规范作用。北京精神的践行和培育需要人文资源和软环境，需要在城市的自我发展和文化驱动的基础上统筹规划，需要遵循自身的发展规律和特点。

北京精神重在实践，贵在落实。从根本上说，城市精神属于文化范畴，培育、践行城市精神，必须遵循文化的发展特点和规律。无论是英文的culture，还是汉语中的“以文化人”，都需要从“文”入手，长期“化育”，最终落实到“人”上来。“化育”，需循序渐进。北京精神的培育和践行是一个漫长的、系统而又复杂的工程，不是“一评了之”，也不是大张旗鼓地张贴标语、高调地宣传空洞的口号，而是应该努力探索切实可行的路径去积极地培育和践行。只有通过深入具体的实践和扎扎实实的工作，使北京精神“从云端飘落大地”，才能真正被市民接受从而转化为比较稳定的行为导向。而且，北京精神只有结合具体的实践、城市的发展及市民的认识水平和理解水平，才能随着时代的发展不断充实和完善。

第四章　思想政治教育视野下北京精神培育的指导思想和原则

第一节　思想政治教育视野下北京精神培育的指导思想

一、马克思主义经典作家的相关重要论述

马克思主义是我们立党立国的根本指导思想，也是社会主义意识形态的旗帜和灵魂。只有深入研究马克思主义基本原理，才能推动马克思主义基本原理同中国的具体实践更好地结合，运用科学的世界观和方法论，从复杂纷繁的社会现象中抓住本质，把握大势，认清方向，不断提高认识世界和改造世界的能力，在实践中不断丰富和发展马克思主义。

马克思主义坚持从物质生产是一切社会现象的基础这一观点出发，揭示文化的发生和发展。文化具有教化、培育和塑造人的功能，人创造着文化，文化反过来也塑造着人。社会一旦被置于人类自身创造的文化意义的存在基础上，其发展便会显示出加速度、快节奏的态势。精神文化是人类的文化心态和精神活动的对象化，对于文化形态的形成有着特殊的意义，体现着文化主体的价值取向。社会的生产发展和文化发展造就了每一代人，使每一代人继承着历史上的一切成果。每一代人在继承历史的基础上，又以自己的实践和认识创造和丰富着文化的形式，推动着社会的发

展。传统文化正是从历史上延续下来的民族文化，这种文化是随着历史的变迁而代代延续的，它不是静态的，而是动态的，历史不断地把每一代人的创造变为传统。而文化的现代化是指在充分吸收以往优秀文化成果的基础上，建立适合现代社会所需要的新文化。文化建设实际上是发展先进文化，从而不断丰富人们的精神世界，增强人们的精神力量。当然，从广义上说，文化是一切“人化”的事物，文明则是“人化”事物中的积极成果，精神文明是作为观念形态的文化的积极成果。一定历史时期的人们总是自觉不自觉地受着一定的文化传统和意识形态的影响，消极落后的文化意识会削弱人民群众创造历史的作用，而先进的科学文化和思想道德则对人民群众的创造活动起着积极的促进作用。我们要在马克思主义指导下，大力弘扬中国优秀的传统文化，同时又要善于吸取、借鉴外来文化的一切优秀成果，创新和发展新的优秀文化，从而不断增强中国特色社会主义文化的吸引力和凝聚力，以此加速中国社会的现代化进程，实现中华民族的伟大复兴。

马克思主义群众观贯穿马克思主义发展的全部历史，是根据辩证唯物主义和历史唯物主义正确认识人民群众的历史地位和作用形成的理论观点。马克思、恩格斯强调人民群众是历史的创造者，是推动社会发展的决定力量。这彻底颠覆了以往阶级社会把人民群众视为社会底层的谬论。马克思主义群众观的产生和运用，开创了人类社会发展学说的新境界。“全部历史本来由个人活动构成，而社会科学的任务在于解释这些活动。”[1]在解释这些活动时，马克思、恩格斯深切关注并把人的全面发展作为自己毕生研究的主题，以人为本是马克思主义的基本观点和核心思想。马克思创建的历史唯物主义既强调了历史发展的客观必然性，又肯定了人在历史发展中的主体地位，认为人是一切社会活动的主体，是促进社会不断向前发展的主要推动者和承担者。马克思和恩格斯早在《神圣家族》中就明确指

[1] 中共中央马克思恩格斯列宁斯大林著作编译局.列宁全集：第1卷[M].北京：人民出版社，1984:360.

出:“历史活动是群众的事业,随着历史活动的深入,必将是群众队伍的扩大。”历史唯物主义特别强调人民群众的力量,认为人民群众是历史的创造者,是推动社会发展的现实力量,人民群众的实践活动是一切精神财富、精神产品形成和发展的源泉。人民群众是社会实践的物质承担者、决定者,是社会实践的创造者、推动者,人民群众不仅为思想家、艺术家和科学家的精神生产创造了物质前提,提供了丰富的原料,而且还对这些原料作了初步的加工,甚至直接创造出精神财富的珍品。马克思主义关于人民群众是历史创造者的原理,是无产阶级政党的群众观点和群众路线的理论基础。群众观点是无产阶级的根本观点,群众路线是在群众观点的指导下形成的,是指一切为了群众,一切依靠群众,从群众中来,到群众中去。中国共产党坚持群众路线,始终代表中国最广大人民的根本利益。

马克思把人的发展看作一个历史过程,认为人的发展要经历三个阶段。“人的依赖关系(起初完全是自然发生的),是最初的社会形式,在这种形式下,人的生产能力只是在狭小的范围内和孤立的地点上发展着。以物的依赖性为基础的人的独立性,是第二大形式,在这种形式下才形成普遍的社会物质交换、全面的关系,多方面的需要以及全面的能力的体系。建立在个人全面发展和他们共同的、社会的生产能力成为从属于他们的社会财富这一基础上的自由个性,是第三个阶段。第二个阶段为第三个阶段创造条件。”[1]在马克思主义看来,社会发展的核心是人的发展,离开了人的发展就谈不上社会的发展,马克思主义的社会发展观是以人的解放和全面、自由的发展为最高理想的。根据马克思主义人的解放和全面发展理论,强调以人为本中的“本”,是一种对人在社会历史发展中的主体作用与地位的肯定,是一种尊重人、解放人、依靠人、为了人和塑造人的价值取向,也是一种思维方式,要求我们在分析、思考和解决一切问题时,要坚持并运用历史和人的尺度,关注人的生活世界,树立起人的自主意识并

---

[1] 中共中央马克思恩格斯列宁斯大林著作编译局.马克思恩格斯全集:第30卷[M].北京,人民出版社,1995:107-108.

同时承担责任。马克思创立的唯物史观，本质上就是“以人为本”的历史观和发展观，唯物史观明确主张把“从事实际活动的人”当作其理论的出发点。马克思认为，人们的社会历史是以人为主体的生产方式和生活方式发展的历史，人及其需要是社会发展的动力来源，社会发展的目的是实现人的全面而自由的发展。马克思主义把人的全面发展作为社会主义和共产主义发展的根本目标。实现人的自由全面发展的前提，是使人真正成为自然和历史的主人，成为社会发展的主体，人在社会发展中居于主体地位，发挥主体作用。恩格斯在《反杜林论》中指出，改变这种状况，就要消灭或改革一切阻碍人健康发展的奴役人的制度，消灭私有制。因为只有生产力的高度发展才能保证人的体力和智力获得充分的发展和运用，实现“自由个性”的发展。马克思主义关于人的全面发展理论是以社会分工为基础的，是由生产力与生产关系的全面性决定的。随着社会的进步和发展，特别是随着文化功能的强化，社会将会越来越重视把人作为实践、开发的对象。人的全面发展意味着人在复杂多变的社会生活中能应付自如，显示出更强的主动精神和创造力，因而就更为自由。

要在实践中持之以恒地坚持马克思主义，必须通过多种途径开展马克思主义的宣传教育工作，使马克思主义深入人心。马克思主义从诞生之日起，就是无产阶级和广大人民群众的世界观和方法论。但是，由于知识背景、认识水平等各方面的因素，马克思主义还没有真正完全成为人民群众的“精神武器”，成为群众认识世界和改造世界的工具。近年来，通过加强思想政治教育，人民群众对马克思主义的认识和理解逐渐发生了变化，认识到马克思主义虽然思想很深奥，但道理很朴实，是自己真正需要并能够指导实践的正确理论。“批判的武器当然不能代替武器的批判，物质力量只能用物质力量来摧毁，但是，理论一经掌握群众，也会变为物质力量。理论只要说服人，就能掌握群众；而理论只要彻底，就能说服人。”❶

❶ 中共中央马克思恩格斯列宁斯大林著作编译局.马克思恩格斯文集:第1卷[M].北京，人民出版社,2009:11.

马克思主义要真正掌握群众，必须从人民群众的特点和需要出发，用通俗易懂、人民群众喜闻乐见的形式和语言，推进马克思主义的通俗化、大众化。马克思主义只有通俗化、大众化，才能深入人心，从而最大限度地发挥理论指导作用。而北京精神正是反映马克思主义的通俗化、大众化的表述，为人们确定价值取向、判断是非曲直、进行行为选择提供了行为准则，对充满差异性和多样性的思想观念中不利于和谐社会建设的成分，具有强大的抑制作用。只有不断增强北京精神的吸引力和凝聚力，才能把人们的思想和行为引导到正确的轨道上来。

二、毛泽东思想的相关重要论述

毛泽东是20世纪中国伟大的历史人物之一，他在领导中国革命和建设过程中，曾就社会主义文化建设的内容、地位等许多方面作过论述，在理论和实践上为中国的社会主义文化建设和精神文明建设进行了初步的卓有成效的探索。毛泽东的文化思想深深地根植于中国传统文化的深厚土壤中，有着鲜明的中国特色和中国气派，吸收借鉴了西方文化中有价值的东西，并以马克思主义文化理论作为基础，结合中国社会的实际而形成。

文化思想属于社会意识层面，一定的社会意识总是一定社会存在的产物。1940年1月，毛泽东在《新民主主义论》中把观念形态的文化归属于上层建筑范畴，在理论上阐释了文化与经济、政治不可分割的内在联系。毛泽东文化思想的人民性、大众性特色很明显，他一生最显著的特点是时刻热爱着人民，时刻想着人民。毛泽东既坚持文化源于人民，又坚决主张文化应服务于人民，人民群众是文化创造最深厚的源泉，倡导文化的普及与提高相结合。他对那些贴近生活、贴近群众、通俗易懂的作品极力推崇和赞扬。理论上是这样，实际更如此。毛泽东文化思想的民族性特色也十分鲜明。毛泽东始终强调，“中国文化应有自己的形式，这就是民族形式。”[1]他认为，文化的存在形式与表现形式因地域及生存环境的差别，无不具有特定的民族形式与民族风格。民族性对于维护民族独立和促进民族繁荣来说是必不可少的，它所蕴含的民族精神是一个民族生命力、创造力和凝聚力的集中体现。新民主主义文化的服务对象是人民群众，采取了符合民族实际与特点，为中国老百姓所喜闻乐见的形式。我们党在领导社会主义建设中十分重视文化建设对经济、政治建设的反作用。丰富的精神生活和健康有益的文化环境是人民群众的文化需要和文化权益。文化建设只有紧紧围绕为人民服务的宗旨去开展，使之根植于群众之中，才会充满生机和活力。思想道德建设对文化建设起着重要的指导作用，没有思想道德建设对文化建设的指导作用，社会主义文化建设就会失去灵魂，社会主义精神文明建设乃至整个社会的发展就会失去正确的方向和动力。新时期的文化要真实地反映丰富的社会生活，反映时代前进的要求与发展的趋势，与时代共呼吸同命运，而北京精神的培育和践行正是符合我国新时期文化发展的实际。

群众路线是中国共产党辩证唯物主义认识路线的具体化，是中国共产党在长期敌我力量悬殊的艰难环境中进行革命活动的宝贵历史经验的科学概括和总结，是以毛泽东为代表的中国共产党人创造的、具有中国共产党人特色的科学领导方法和工作方法。1927年，毛泽东在《湖南农民运动考察报告》中，明确提出了相信群众，依靠群众，放手发动群众，尊重群众的革命思想。1930年至1934年，毛泽东在《反对本本主义》《关心群众生活，注意工作方法》等著作中，提出了群众路线的一系列重要观点。1943年6月，毛泽东发表了《关于领导方法的若干问题》，系统地总结了党在领导方法上所积累的丰富经验，“从群众中集中起来又到群众中坚持下去，以形成正确的领导意见，这是基本的领导方法。”[2]1945年的中共“七大”

---

❶ 毛泽东.毛泽东选集:第2卷[M].北京:人民出版社,1991:707.

❷ 毛泽东.毛泽东选集:第3卷 [M].北京:人民出版社,1991:900.

特别强调了群众路线原则，毛泽东在《论联合政府》的政治报告中，把和最广大的人民群众取得密切联系，作为共产党人区别于任何其他政党的一个显著标志，作为共产党人的根本作风之一。这次大会通过的党章，明确载入了群众路线的基本精神和内容，标志着我们党建立起了群众观和群众路线的理论体系，并成为毛泽东思想的重要内容和鲜明特征。毛泽东经常强调，只要我们依靠人民，坚决地相信人民的创造力是无穷无尽的，因而信任人民，和人民打成一片，那就任何困难都能克服。领导群众进行一切实际工作时，要取得正确的领导意见，必须从群众中来到群众中去，实行领导和群众相结合，一般号召和个别指导相结合。在今天经济全球化、社会信息化和对外开放的新形势下，推动以人民群众为主体的精神文化建设，离不开群众工作。我们的群众工作必须从社会生活变化的特点中，坚持以人为本，高扬人的主体地位，以对人民群众深厚的感情，坚持全心全意为人民服务，把反映时代特征的先进文化同具有悠久历史的优秀的民族文化、传统文化结合起来，使其更加适应新时代社会生活的巨大变化，具有更强的影响力。通过各种群众喜闻乐见的形式，将群众工作寓于各种文化建设和社会生活中，不断满足人民群众日益增长的多方面多层次的精神生活的需要，为经济发展和社会进步提供精神动力和智力支持，为中华民族的伟大复兴振奋精神、增添力量。同时，人民群众也能在文化建设中实现自我超越和自我发展，促进思想道德和科学文化素质的提高，实现人民群众的根本利益。

三、中国特色社会主义理论体系的相关重要论述

社会主义精神文明作为社会意识的存在方式，具有符合社会发展方向的性质，反映着社会的进步程度和人们的精神面貌。社会主义精神文明是人类文明的重要组成部分，是社会进步的重要标志，精神文明建设是社会

主义现代化建设的重要内容。党的十一届三中全会以来，党中央对社会主义精神文明建设的战略地位、主要内容、根本任务和指导方针等都做了系统而深入的阐释，形成了比较完整的社会主义精神文明建设的理论。一般来说，精神文明包括上层建筑中的进步思想观点，包含着人的主观精神世界积极方面的全部内容，既有伦理道德的价值，又有科学理性的成分，体现着社会进化的方向和要求，具有一种健康向上的力量。它集中凝结着千百年来人们对美好生活的追求和对共同幸福的理解及对这种理解的程度，汇集着人们争取进步的积极成果和人与人关系中符合真善美的内在因素。

邓小平作为当代中国伟大的马克思主义者，是我国改革开放的总设计师，是建设中国特色社会主义理论的创立者，也是社会主义精神文明建设理论的奠基人。邓小平关于社会主义精神文明建设的思想内容十分丰富，他指出，物质文明是基础，精神文明是保障，物质文明和精神文明必须相互配合、协调发展，两手都要抓，两手都要硬，精神文明建设的根本任务是培养有理想、有道德、有文化、有纪律的社会主义公民，提高整个中华民族的思想道德素质和科学文化素质。1983年12月，邓小平指出："所谓精神文明，不但是指教育、科学、文化（这是完全必要的），而且是指共产主义的思想、理想、信念、道德、纪律、革命的立场和原则，人与人的同志式关系，等等。"[1]邓小平曾反复强调，不加强精神文明建设，物质文明建设也要受破坏，走弯路，"经济建设这一手我们搞的相当有成绩，形势喜人，这是我们国家的成功。但风气如果坏下去，经济搞成功又有什么意义？会在另一方面变质，反过来影响整个经济变质，发展下去会形成贪污、盗窃、贿赂横行的世界"[2]。社会主义精神文明既是社会主义现代化建设的重要目标和特征，也是社会主义优越性的一个重要体现。作为社会意识形态的一种表现，社会主义精神文明建设最能吸收人类进步的思想道

❶ 邓小平.邓小平文选：第2卷[M].北京：人民出版社，1994：367.

❷ 邓小平.邓小平文选：第3卷[M].北京：人民出版社，1994：154.

德和精神成果。邓小平指出，我们要建设符合现代化建设所需要的社会主义精神文明，还需要在继承的基础上不断创新。仅有继承是不够的，还必须了解新情况，总结新经验、研究新问题、创出新成果。邓小平强调，要“鼓励、支持党员和群众勇于思考、勇于探索、勇于创新”[1]，大胆尝试才能走出好路、新路。

中共中央总书记、国家主席、中央军委主席习近平同志在2013年“8·19”重要讲话中强调，意识形态工作是党的一项极端重要的工作。宣传思想工作一定要把围绕中心、服务大局作为基本职责，胸怀大局、把握大势、着眼大事，找准工作的切入点和着力点，做到因势而谋、应势而动、顺势而为。思想政治教育是社会主义精神文明建设的核心内容，是完成社会主义精神文明建设根本任务的基本途径。加强社会主义精神文明建设，一刻也离不开思想政治教育。中共中央政治局在2014年2月24日下午就培育和弘扬社会主义核心价值观、弘扬中华传统美德进行第十三次集体学习。中共中央总书记习近平在主持学习时强调，把培育和弘扬社会主义核心价值观作为凝魄聚气、强基固本的基础工程，继承和发扬中华优秀传统文化和传统美德，广泛开展社会主义核心价值观宣传教育，积极引导人们讲道德、尊道德、守道德，追求高尚的道德理想，不断夯实中国特色社会主义的思想道德基础。2014年“2·26”习近平同志在北京市考察工作时强调，建设和管理好首都，是国家治理体系和治理能力现代化的重要内容。北京要立足优势、深化改革、勇于开拓，以创新的思维、扎实的举措、深入的作风，进一步做好城市发展和管理工作，在建设首善之区上不断取得新的成绩。而且就建设首善之区提出五点要求：一是要明确城市战略定位，坚持和强化首都全国政治中心、文化中心、国际交往中心、科技创新中心的核心功能，深入实施人文北京、科技北京、绿色北京战略，努力把北京建设成为国际一流的和谐宜居之都。二是要调整疏解非首都核心

---

[1] 邓小平．邓小平文选：第2卷[M].北京：人民出版社，1994：143-144.

功能，优化三次产业结构，突出高端化、服务化、集聚化、融合化、低碳化，有效控制人口规模，增强区域人口均衡分布，促进区域均衡发展。三是要提升城市建设特别是基础设施建设质量，形成适度超前、相互衔接、满足未来需求的功能体系，遏制城市“摊大饼”式发展，以创造历史、追求艺术的高度负责精神，打造首都建设的精品力作。四是要健全城市管理体制，提高城市管理水平，尤其要加强市政设施运行管理、交通管理、环境管理、应急管理，推进城市管理目标、方法、模式现代化。五是要加大大气污染治理力度，应对雾霾污染、改善空气质量的首要任务是控制PM2.5，要从压减燃煤、严格控车、调整产业、强化管理、联防联控、依法治理等方面采取重大举措，聚焦重点领域，严格指标考核，加强环境执法监管，认真进行责任追究。

当今的世界是开放的世界。新的历史时期，我们面临着推进现代化建设、完成祖国统一、维护世界和平与促进共同发展三大历史任务。我国正处于并将长期处于社会主义初级阶段，以习近平同志为核心的党中央提出“全面建成小康社会、全面深化改革、全面推进依法治国、全面从严治党”的战略布局，我们的任务非常艰巨繁重。人民群众永远是建设中国特色社会主义事业的力量源泉和胜利之本。在这一伟大征程中，更需要广大人民群众坚定建设中国特色社会主义的共同理想，始终保持昂扬向上的精神状态，不断获得锐意进取的精神动力。在建设中国特色社会主义过程中，要大力倡导一切有利于发扬爱国主义、集体主义、社会主义的思想和精神，大力倡导一切有利于民族团结、社会进步、人民幸福的思想和精神，大力倡导一切有利于改革开放和现代化建设的思想和精神，大力倡导一切有利于诚实劳动，争取美好生活的思想和精神。北京精神正是作为展示北京魅力的窗口，为增强国家精神力量固元气、聚和气、扬正气、积底气，让“北京好声音”“北京好故事”传播得更远。

第二节　思想政治教育视野下北京精神培育的原则

一、“以人为本”、全面发展

思想政治教育是一项教育实践活动，这一活动在于教育者根据社会的要求和人的发展需要，通过对受教育者进行思想上、政治上的教育，使其思想政治素质得到提高和完善。它以人为作用对象，是做人的思想、精神世界的工作，其目的在于帮助人们形成符合社会发展要求的思想政治品德，发挥人的主动性，提高人的积极性，激发人的创造性，促进人的全面发展，造就具有正确思想意识、良好道德行为的社会成员。

“以人为本”是思想政治教育的本质要求，也是北京精神培育的根本原则。“以人为本”，即以全体社会成员特别是广大人民群众及其根本利益为考虑一切问题的出发点和落脚点。“以人为本”中的“人”与西方人本主义中的“人”不同，前者是具体的、社会的、历史的，后者是抽象的、孤立的、非历史的。具体来说，“以人为本”中的“人”主要指从事生产实践的现实的人——广大人民群众。既然是现实的人，那么就要尊重人们的差异和个性。人们的能力有大有小，需求多种多样，职业形形色色，因此，要相同的情况相同对待，不同的情况不同对待。

人是社会实践活动的主体，又是社会活动的客体，人的实践活动是主体和客体的统一。“以人为本”不是以“官”为本或以“权”为本，也不是以“资”为本或以“钱”为本。思想政治教育坚持“以人为本”，就是要以人民群众为本，以实现人的全面而自由的发展为本，这是马克思主义的基本观点。“以人为本”体现了思想政治教育的目的，从总体上讲，思想政治教育的目的就是提高整个中华民族的思想道德素质和科学文化素质，提高人们认识世界和改变世界的能力，实现人的全面发展。我们之所以说“以人为本”是北京精神培育的根本原则，是因为它肯定了人在北京精神培育过程中的主体地位和主观能动性，突出了人的人格、需要、尊严等价值，始终把人民群众的利益放在第一位。

北京精神培育必须以“以人为本”为出发点，必须依靠人的主体性，必须以人的发展为目的。出发点是否正确，直接决定着北京精神培育的状况与效果如何。人民群众是社会的主人，必须以人民群众的利益为最高利益，人民群众在社会发展中的主体地位，不仅体现在宪法所规定的种种民主权利上，而且体现在社会的科学文化建设和思想道德建设过程中。从某种意义上说，北京精神培育能否坚持以人为出发点，不仅直接关系到其能否取得实际的效益，而且直接关系着其能否切实维护好人民的民主权利。因为尊重并依靠人民群众的主体性是我国思想政治教育的显著特色之一，北京精神培育的实践正是要相信群众、依靠群众、为了群众，充分发挥群众的首创精神和创造才能。满足人的需要是增强北京精神培育有效性的切入点，尊重人的主体地位是增强北京精神有效性的关键点。一切为了人，必须以一切依靠人为依托和保证。坚持“以人为本”能够牵引北京精神培育步入健康有序的发展轨道，有利于团结凝聚广大北京市民共同前进，形成社会进步的助推器。市民群众是北京精神培育的根本力量，加强北京精神培育离不开广大市民群众的积极参与。“以人为本”着眼于广大市民的根本利益，北京精神培育一切以促进市民的全面发展、提升市民的道德素质为目标，力求使“爱国、创新、包容、厚德”成为市民共同认可的价值取向和行为准则，从而抵制各种危害人民群众思想健康的错误思潮，增强社会主义意识形态的精神整合功能。北京在过去的工作中，充分尊重市民群众的主体地位，在开展北京精神培育这项工作时，以市民群众最关心、最受益的事情为切入点，充分调动市民群众广泛参与北京精神培育的积极性和创造性，开展了很多市民群众乐于参与、便于参与的实践活动，使北京精神渗透到人们的日常工作生活之中，得到广泛认同并转化为人们的自觉行动。因此，培育和践行“爱国、创新、包容、厚德”的北京精神，必须要坚持以人为本，做到文为人需、文为人创、文为人享、文以人化。

二、科学借鉴、结合实际

北京精神培育绝非一朝一夕之事，让北京精神深入人心，深入人们的行为举止需要长期的熏陶，需要不断深化、落地生根、把根扎在实处的工作。在北京精神培育的进程中，应当广泛借鉴国内外先进城市的经验和启示，结合北京市的实际情况，不断地总结和进步。北京人文氛围相对浓厚，在2008年奥运期间，北京市委宣传部、北京市委社会工委、北京市社科联举办“以人为本、传承文明、构建和谐、迎接奥运”为主题的北京周末社区大讲堂，邀请专家学者深入全市18个区县做讲座，产生了良好的社会反响。这个经验在北京应当得到推广，作为传统文化与北京精神培育相结合的长期方式。对市民群众的素质教育应当落到实处，而不是只做做样子，应当在北京精神培育活动的过程中，制订配套的实施方案，建立积极的引导机制、激励机制、监督机制和评价机制，坚持活动开展的长期性和深入性，避免短期行为。应多听取在京工作、学习的外国人士的意见，积极发动他们投身于北京精神培育活动中去，逐步提高北京精神培育成果的国际化程度，不断扩大北京精神培育的覆盖面。同时，北京应当更好地学习与借鉴世界城市精神文明建设方面的成功经验，加强与纽约、伦敦、巴黎等在内的世界城市的交流工作，坚持走出去与请进来相结合的原则，以更加积极的姿态来吸取对北京精神培育有益的东西，并在实践中创造性地加以运用。

在北京精神培育中要注重与实际相结合，要有实践环节相配合，要贴近实际、贴近生活、贴近群众，不断创新活动载体，及时总结和推广群众喜闻乐见的活动形式，把北京精神培育活动与为群众办好事和实事有机结合起来，多探索适合北京实际的精神文明建设之路。充分考虑不同群体的特点是增强北京精神培育针对性和实效性的有效途径。应当抓窗口行业文明，抓志愿者及志愿者行动，抓“身边的榜样”，抓党员干部的带头作用，抓未成年人群体思想道德建设，积极推动学校、家庭、社区和网络教育的无缝衔接。整合各方面社会公益资源，充分发挥社会公益性组织在北京精神培育活动中的积极性，加大对老年人特殊群体的帮扶，调动老年群体参与北京精神培育的积极性，发挥老年人和未成年人志愿者队伍的积极作用。还可以持续开展“来京务工人员与首都文明同行”“来京务工人员文明之星评比”等系列活动，引导来京务工人员真正融入北京精神培育活动，增强其对北京的认同感、责任感和主人翁意识。

三、整体把握、循序渐进

北京精神培育关系到北京千百万群众，涉及社会生活的许多方面。在新形势下，培育北京精神是一个更加具有全局性、战略性的重大问题。为此，要整体把握对新形势下北京精神培育特点、规律及面临的挑战、机遇、热点、难点问题的研究，为当前北京精神培育奠定坚实的理论基础。应在北京精神培育中抓重点，针对当前北京精神培育中存在的突出问题和薄弱环节，开展“爱国、创新、包容、厚德”等公民素质教育，切实建立长效机制，强化北京精神培育的效果。北京精神培育活动绝不能“走马观花”，不能作为经济发展的牺牲品，为此，需要进行相应的机制改革，实现北京精神培育与政府管理的有效结合。真正建立和完善北京市总揽全局、协调各方、坚强有力的领导体制和工作机制，通过有效的制度设计使北京精神培育成为政府的常态管理，通过经济手段约束市场的外部效应，同时发挥社会组织的积极作用，在谋求政府与市场、社会友好合作的基础上，共同循序渐进地推动北京精神培育。具体讲，一是健全科学的领导机制，确保北京精神培育工作的组织和领导到位。要建立健全北京精神培育的领导班子，并建立从上到下既统一管理又分级负责的富有效率且有权威的北京精神培育工作领导体制，坚持统筹兼顾，落实领导责任。二是健全完善由中直机关、中央国家机关和市委市政府相关部门组成的培育北京精神联席会等综合协调机制，成立类似首都公共文明建设事务委员的北京精神培育专门办公室，负责日常事务工作，具体负责各项建设工作的开展和实施，确保把北京精神培育抓实抓好，抓出成效，办成群众满意工程。三是切实采取措施加大投入，确保北京精神培育的经费到位。北京精神培育要有一定的物质保障，要按照“加大投入，保证使用”的原则，设立北京精神培育的转向资金，保障各项创建活动的顺利开展，把北京精神培育活动所需的日常经费列入年度或中长期财务计划，并逐年加大投入，从物质上保障北京精神培育工作的顺利开展。四是健全完善北京精神与文明建设、机关文化、企业文化双促双赢机制，将北京精神培育绩效纳入干部年度考核，并加以严格落实，努力使北京精神培育与文明建设、机关文化、企业文化相互贴近，相互支撑，最终形成“你中有我，我中有你”的互动良性机制。同时，注重在各类群众性精神文明创建活动中开展“当一次文明引导员”等活动，扩大参与效应，注重引导全体市民在公共生活中摈弃陋习，养成文明行为习惯，推动北京精神培育活动的实践化和常态化，以一带十，以点带面，不断固化和转化北京精神培育新成果。同时，通过促进广大北京市民做文明有礼的北京人，并在此基础上建设文明家庭、文明学校、文明社区，针对不同层次的社会主体和相应层次的动态建设目标，找到实际的切入点，循序渐进，最终实现首善之区和文明国家的目标。

四、政府主导、全社会参与

培育和践行北京精神有赖于政府主导作用的发挥，不管是相关政策的制定、具体工作的开展、相关资源的整合与利用，还是北京精神培育中存在的一系列问题的解决与改善，都需要政府提供强有力的支持与保障。所以，弘扬和践行北京精神最关键的在于发挥政府的主导作用。首先，政府应全盘考虑北京精神培育中的有关问题，把北京精神培育纳入社会发展规划之中，并制定相应的发展纲要。其次，政府应当制定相关政策制度，如弘扬北京文化活动的票价减免等，为北京精神培育提供制度支持。最后，政府也应积极动员全社会力量参与北京精神的建设，充分利用各类宣传阵地做好社会动员工作，整合利用各种社会文化资源，增强市民对北京精神培育的历史责任感和集体荣誉感，调动市民的主观能动性和积极性，使其深刻认识物质文明建设和精神文明建设齐头并进的重要意义，努力以主人翁的姿态投入到北京精神培育的各项工作中去。应充分利用广播、电视、报刊、网络等新闻媒体，多层次、全方位加大宣传“爱国、创新、包容、厚德”的北京精神及涌现出的先进经验和典型，为北京精神培育营造出政府主导、全社会积极参与的良好氛围。

当然，政府的主导作用并不意味着北京精神培育中只有政府存在。政府的作用主要体现在公共政策的制定上，而不是完全的包办。具体来说，在基本程序的运作上，政府可以将一定程序交给非政府组织，包括企事业单位和社会组织来承办。在建设资金来源上，除了政府以财政投入的形式加大对北京精神培育的投入外，应当鼓励社会组织、企业等兴办、赞助和捐赠北京精神培育之系列活动。政府应以满足市民需要为核心，把领导号召同群众自觉行动结合起来，通过整合资源、监督的方式来体现其主导作用，使各种社会资源在最大程度上转化为北京精神培育的优势力量。当然，成千上万市民的主人翁意识也直接影响北京精神培育活动的效果，因此，必须有一支贴近群众、热心创作、努力打造“做文明有礼的北京人”的宣传示范的队伍。同时，政府应广泛动员社会志愿者、单位和社会人士参与北京精神培育，形成北京精神培育的合力。此外，还应当挖掘和培养一批民间的“文化火种”——活跃在基层的民间艺人和乡村文化传承人等文化骨干，发挥他们在活动中的组织号召和管理作用，通过他们具有特色的文化产品来影响和团结更多的群众。只有这样，才能促进北京精神培育更加完善，更加适应和满足不同群众的特殊要求。加强北京精神培育，必须充分发挥公共文化服务以文化服务大众、塑造大众的基本功能，通过宣传、演出演讲、推荐阅读、文化讲座等各种丰富多彩的形式培育北京精神，吸引全体市民共同参与，从而提升全体市民的整体素质。

第五章　思想政治教育视野下北京精神培育的学科基础和基本要求

第一节　思想政治教育视野下北京精神培育的学科基础

一、思想政治教育学的相关原理

思想政治教育学是在马克思主义理论指导下，研究思想政治教育现象及其发展规律的一门具有鲜明中国特色的社会科学。思想政治教育学的理论基础是马克思主义，并坚持以完整、准确的马克思主义科学体系为根本指导思想。其一方面是以整体性的马克思主义科学体系为指导，始终坚持马克思主义的立场、观点和方法，始终坚持马克思主义的基本原理，始终坚持马克思主义的基本特征；另一方面是以马克思主义中国化的最新成果为指导，中国共产党在把马克思列宁主义同中国实际相结合的过程中，实现了两次历史性的飞跃，产生了毛泽东思想、邓小平理论、“三个代表”重要思想、科学发展观、习近平新时代中国特色社会主义思想。这些理论观点和创新成果连接成一个有机的理论创新整体，指导我们社会主义现代化的新实践，也推进了思想政治教育学科建设的发展。具体来说，思想政治教育学的主要任务是用马克思主义理论教育人，培养广大人民群众的理论素养、政治觉悟和思想素质，使人民群众具有较为扎实的马克思主义理论基础，坚定的社会主义和共产主义信念，较强的辨别和抵制错误思想、思潮的能力，熟悉党的路线、方针、政策，懂得思想政治教育的专门理论和专门知识。社会主义现代化建设的时代需要是思想政治教育学科发展的生命之源，正如恩格斯所说："社会一旦有技术上的需要，这种需要就会比十所大学更能把科学推向前进。"[1]现代思想政治教育学要与社会需要紧密结合起来，面向社会主义现代化建设，服务于社会的政治、经济和文化生活需要。坚持思想政治教育就是要引导人们形成符合社会发展要求的思想道德素质，调动人们参与社会活动的积极性、主动性、能动性，进而推动人和社会的全面发展。

思想政治教育学的实践就是思想政治教育。思想政治教育的本质是意识形态的教化，通过提高人们的思想道德素质为社会的全面发展服务。思想政治教育通过丰富多彩的活动，满足人们精神生活的需要，丰富人们的精神生活从而提高人们的思想道德素质，帮助人们树立正确的世界观、人生观、价值观，使之以昂扬向上的精神状态投入到中国特色社会主义建设中去。此外，思想政治教育还通过多方面的活动为提高人的智能素质提供强大的精神动力，提高人的身心素质和审美素质，使受教育者形成崇高的精神境界和健康的心理品质，促进人全面、健康地发展。思想政治教育的内容是依据思想政治教育的目的和任务及教育对象精神世界发展的需要确定的。思想政治教育内容应具有强烈的政治性、突出的先进性和明确的导向性，坚持马克思主义的指导地位，坚持用马克思主义中国化的最新成果教育人民，注重民族精神与时代精神的弘扬。思想政治教育工作的内容主要包括理想信念教育，党的基本理论、基本路线、基本纲领、基本经验教育，爱国主义、集体主义、社会主义教育，民主法制教育，马克思主义唯物论、无神论和科学精神教育以及弘扬和培育中华民族精神和时代精神，

---

[1] 中共中央马克思恩格斯列宁斯大林著作编译局．马克思恩格斯选集：第4卷[M]．北京：人民出版社，1995：732.

加强社会主义道德建设等。确定和实施思想政治教育内容应遵循整体性原则、协调性原则、层次性原则、辩证性原则和发展性的原则，不仅需要考虑教育对象的思想实际，而且要考虑教育对象精神世界发展和社会发展的长远需要，立足现实，面向未来；应与时俱进，紧紧把握时代发展脉搏，及时敏锐地反映社会发展实际和人们思想实际，解答时代发展新课题，使教育内容体现时代精神，始终与时代发展保持一致。

从某种意义上讲，思想政治教育过程和人的思想品德形成过程是协同统一的。人的思想品德是在社会实践的基础上主客体因素相互作用和协调的产物，是主体内在思想矛盾运动转化的结果。思想政治教育过程是思想政治教育活动的展开、运行、发展，是教育者和受教育者共同参与、相互作用的有目的的活动过程。只有发挥教育者和受教育者两个方面的主观能动性，思想政治教育才能取得好的效果。思想政治教育活动是根据一定的社会要求和受教育者精神世界发展的需求及其思想实际所确定的思想政治教育目标组织起来的，使受教育者在思想政治、道德规范上逐渐达到社会要求的过程。正是通过形式多样的思想政治教育活动，教育者向受教育者传递社会要求的思想观念、道德规范，同时促使受教育者在活动的过程中感受、体验和掌握这些观念和规范，以形成符合社会要求的思想政治素质。思想政治教育过程有着明确的计划性和鲜明的正向性，有着积极的引导性和明显的长期性，更有着突出的复杂性和广泛的社会性。

制定思想政治教育方案的程序由搜集信息、确定思想政治教育目标、拟定思想政治教育方案、优选思想政治教育方案的基本步骤组成。在确定方案之后，就进入思想政治教育实施阶段，其主要任务是把方案付诸思想政治教育实践，对受教育者实施全面的教育影响，传导思想政治观念，提高受教育者的思想政治认识，引导受教育者实现从品德认识到实际行为的转化，培养人们的品德践行能力，并促使受教育者在活动过程中持续接受教育影响。

二、思想政治教育学的相关方法

方法是人们达到预期目的的一种手段、工具、途径和范式，也是人们对客观规律的科学把握与自觉运用。作为活动主体的人与作为活动客体的具体对象，正是通过方法才得以在活动中相互联系和作用。思想政治教育方法是实现思想政治教育目的的重要手段，对于完成思想政治教育任务和保障思想政治教育的实施效果具有重要意义。思想政治教育学的研究方法和其他社会科学学科大体相同，须从实际出发，有的放矢。我们要注意综合运用多种教育方法开展工作，借鉴现代科技成果创造性地运用思想政治教育方法。

第一，理论学习。思想政治教育工作说到底是提高人们的思想觉悟和认识水平的工作，理论上清醒才能政治上坚定。在进行理论教育时，一方面教育者既要完整准确地把握理论的内容，又要在教育材料的选择上少而精；另一方面，教育者要善于用马克思主义的最新理论来凝聚人心，切实解决人们的精神面貌问题，在教育中寓情于理，启发受教育者积极思考，使教育富有吸引力。同时，要科学地探索受教育者的接受方式，充分认识和掌握受教育者思想接受活动的规律，从不同层次、不同类别、不同行业的对象出发，确定学习目标、学习要求、学习步骤和学习方法。此外，教育者还要不断地提高自身的理论水平和践行先进思想和科学理论的自觉性。

第二，实践锻炼。社会实践不仅改造着客观世界，也改造着主观世界，对于实现人们的社会化和提高人们的思想觉悟和认识能力，发挥着极其重要的作用。社会实践是人的思想形成的源泉，也是人的思想发展的动力。社会实践是人的思想品德形成和发展的基础。人们在头脑中形成的各种观点是否正确，只能靠社会实践来检验。从思想政治教育者那里获得的理论知识，必须通过受教育者置身社会实践的体验才能转化为自身的品德和认识。受教育者的品德情感、品德意志和品德信念，也只有在践行思想道德规范的过程中才能得到进一步强化。受教育者的品德行为习惯，也需要经过反复实践才能形成。要通过社会实践达到思想政治教育工作的良好效果，首先，要以辩证唯物主义的理论为指导，力求客观全面地分析问题，由感性认识上升到理性认识，从而得到既有事实依据又有理论思考的正确结论。其次，要根据受教育者群体的不同层次、特点和爱好，开展不同的社会实践活动。如对于干部而言，可以通过挂职锻炼与人民群众建立感情来提高解决问题的能力。最后，开展社会实践活动要防止出现形式主义。无论是选择形式还是确定活动目的都必须重在实效，而不能只是表面热闹，搞一阵风，更不能铺张浪费。最好能建立稳定的社会实践活动基地，确保实践活动循序渐进、扎实稳定地进行。

第三，榜样示范。榜样的力量是无穷的。唯物辩证法认为，客观事物发展总是不平衡的。无论做哪一项工作，人们的思想和行为都会有偏差。榜样示范法通过树立典型的人和事，把深刻的、抽象的道德观念和价值观念生动化、具体化，由此更具有说服力和号召力，容易引起人们思想的共鸣，促使人们自觉地去仿效、学习，从而规范自身的行为，培养自身的思想道德素质，以符合社会发展的需要。榜样示范法要注意它的群众性，使人们感觉真实可亲，那种“高大全”的塑造往往脱离人们的现实生活，难以发挥榜样应该发挥的作用。因此，思想政治教育活动中每宣传一个重大榜样，都要先行调查，尽量使推出的榜样可亲、可敬、可信、可学。同时，榜样具有鲜明的时代特征，应着重介绍榜样人物的闪光点、先进思想和优秀事迹，尽可能地让榜样人物去现身说法，充分发挥榜样示范和激励作用，才会产生最佳教育效果。

第四，情感激励。人不仅有自然属性，而且有社会属性。在社会生活中，人是有意识的，具有自觉能动性，每个人都有自己的理想和抱负。思想政治教育工作就在于激发人们的积极性、主动性和创造性，激发人们为正确实现自我需要而努力奋斗。情感是沟通教育者与受教育者交往关系的基础，做好思想政治教育工作本来就是一个交流情感和转化思想的过程，必须抓住情感这一切入点，使教育者和受教育者能够产生精神上的沟通。教育者希望自己发出的具有教育意义的信息能被受教育者接受，而受教育者对教育者传递的信息具有选择性。情通则理达，教育者必须真诚地尊重、关怀、理解受教育者，劝导和帮助教育对象，为教育对象排忧解难。而这种关心和爱护不能只停留在口头上和态度上，而要从情感上和行动上去真正关怀受教育者，站在受教育者的角度去考虑问题，这样才能从根本上打动受教育者，使之真心实意地接受思想政治教育。这当然要求思想政治教育工作者言行一致、表里如一，不但能以情感感化人，也能够以行动激励人。

第五，自我教育。简而言之，自我教育就是自己教育自己，自己做好自己的思想工作。人们的思想政治觉悟、道德水平的提高，离不开家庭、学校、社区和社会的影响。但是，思想政治工作的效果，必须通过主体积极的思想活动特别是自我教育才能达到。自我教育通过受教育者自身的思想矛盾斗争，以正确思想战胜错误思想，从而树立正确的世界观、人生观和价值观，有利于激发受教育者自我教育的自觉性和能力，有利于增强和巩固思想政治工作的效果，从而更好地实现思想政治教育的目标。在这一过程中，由于知识和能力水平所限，受教育者难免产生各种问题，希望得到他人的帮助和指导。所以，自我教育需要个体的自我教育与集体的自我教育的结合。个体的自我教育是通过个人的自我反省、自我解剖、自我监督、自我总结等方式，用积极因素克服消极因素。集体的自我教育则是在一个机体内部，通过群众性的互教互学，互帮互助，互相促进，以提高全体成员的思想水平和政治觉悟。

第二节 思想政治教育视野下北京精神培育的基本要求

一、将北京精神培育与弘扬雷锋精神结合起来

1963年3月5日，《人民日报》发表了毛泽东主席“向雷锋同志学习”的题词。从此，雷锋同志全心全意为人民服务、言行一致、公而忘私的精神成为鼓舞和激励全国人民开拓创新的道德旗帜和精神动力，学雷锋的活动在全国范围内得以广泛持续地开展。

雷锋精神中蕴含了深厚的中华传统美德与品质，形成了以天下为己任的爱国情怀与社会主义集体观念，以及为人民服务的价值取向。如“毫不利己、专门利人”、先人后己的道德品质；为民造福，无私奉献，厚德载物的高尚风格与道德境界；行善积德，勇于担当的社会责任和历史使命；尊贤爱幼，厚德载物的博大胸怀；与人为善，以德报怨，勤俭节约，艰苦朴素的道德品行；互敬互爱，互帮互助，尊老爱幼，扶弱济困的道德操守；自强不息，克己内修，奋斗不止的进取与钻研精神和勤俭节约、艰苦奋斗的生活习惯，等等。雷锋精神包含着丰富的精神特质和美德内涵。如全心全意为人民服务的人生观，团结友爱、助人为乐的幸福观，锐意进取、自强不息的创新精神，舍己为公、大公无私的奉献精神，艰苦朴素、勤俭节约的创业精神等。随着社会的发展、时代的变迁，雷锋精神被赋予了新的时代特征与时代要义。结合当前社会道德发展的状况，我们更应该弘扬雷锋精神，并融入新时代的价值内容和精神特质。

雷锋精神中助人为乐的品质，以深厚的“仁爱”为底蕴。市场经济下，许多领域人际信任发生危机，一些人和一些地方出现了道德冷漠现象，“跌倒老人该不该扶”这样简单的道德判断，都成为现代人纠结的话

题。孟子曰："今人乍见孺子将入于井，皆有怵惕恻隐之心。"人性应有的基本的恻隐之心和道德良知，在今天却成为怀疑讨论的话题。这不仅反映社会现实中存在着不同程度的道德困境，而且表明了社会中人们道德素质的参差不齐。在改革开放的大潮中，在社会结构不断变革的过程中，由于道德建设没有完全跟上经济发展的步伐，出现了一些包括道德问题在内的现代社会问题。这警醒我们要关注社会道德问题和道德建设，也更加需要呼唤和营造雷锋精神与团结互助精神。社会需要雷锋精神，需要通过互助互爱行为，弘扬中华传统美德，树立社会新风正气，营造时代文明新风，建构新型人际关系的和谐社会。市场经济发展中的多样化取向，全球化进程中各种政治经济利益、思想文化的碰撞，都对人们的思想意识、人生观和价值取向产生着影响。雷锋精神对于培育北京精神的道德力量在于，它诠释了我们培育北京精神中需要的社会品德是什么，对于构建共同价值观发挥了"道德榜样"的力量。

雷锋精神中创新进取的特征是北京精神的表征。从雷锋精神到"一不怕苦，二不怕死"的革命精神，从延安精神到"两弹一星"精神，从"自力更生、艰苦奋斗"的创业精神到蕴含"绿色、科技、人文"理念的奥运精神，无不蕴含着发愤图强、锐意进取、艰苦奋斗的创新精神。在今天社会主义市场经济发展的进程中，我们要把学习雷锋精神和培育北京精神结合起来，一定要与时俱进。学习雷锋精神不是要求人们放弃人才流动和职业竞争，不是要穿补丁衣服和袜子，不是完全不讲经济效益和个人利益，而是要讲敬业爱岗，结合低碳绿色环保理念讲勤俭，讲社会效益及国家责任和社会奉献的担当。社会应该大力弘扬雷锋精神，人们应该寻找身边雷锋式的道德榜样。如果每个社会成员都能从自我做起，发挥应有的社会情感、良知善心与社会主义互助互爱精神，乐善好施，乐于助人，并通过人际互动传递道德和爱心，社会必会增进团结，增加温暖，进而提高国民素质和社会道德水准，增强国家的凝聚力与和谐度。

雷锋精神和北京精神各有所指，但其中包含的精神内涵相互交叉，从本质上是一致的。“爱国、创新、包容、厚德”是北京精神的理念概括，在雷锋精神中也有所体现。这些都是中华民族传统美德和社会主义理念在不同方面的体现，都是社会主义核心价值体系和社会主义核心价值观中的组成部分。因此，学习雷锋精神和践行北京精神，都是文化大发展战略中的重要主题和建设文明北京、提升公民素质、建设和谐社会的必要途径。任何时候都不能把雷锋精神和北京精神作为完全相互独立的两个理念和任务看待。号召人们像雷锋那样“做好人好事”本身就是北京精神的一种践行方式，而培育北京精神，能够从另一个侧面更好地弘扬雷锋精神，两者相互交叉，也相互推动。有人觉得学习雷锋精神有难度，而北京精神也太高远，事实上，如果我们在心中存有对国家、对人民和自己城市的爱，对社会、对他人有一份公德心、责任心，在生活中处理好个人利益和他人、团体、社会、国家利益之间的关系，做好自己的本职工作，处理好“大我”和“小我”的关系，就都是在学习雷锋精神、践行北京精神。北京市近30年来广泛深入地开展群众性学雷锋活动，创建学雷锋活动基地，充分发挥社区服务志愿者队伍的作用，结合城市环境建设管理开展以“综合包户”等为主要形式的社区学雷锋活动，把“岗位学雷锋，行业树新风”作为开展学雷锋活动一以贯之的宗旨，持之以恒地发扬和光大雷锋精神，都取得了良好的社会效果。首都精神文明办更是把学雷锋活动作为培育和弘扬北京精神、推动首都持续发展的强大精神力量，以此促进市民思想道德素质和良好社会风尚的形成。我们要把学雷锋活动与践行北京精神紧密结合起来，以开展志愿服务行动为抓手，进一步引领文明风尚，弘扬社会主义核心价值体系和社会主义核心价值观。我们要更广泛地动员和联络机关单位、社会组织、市民群众参与，搭建起公共文明志愿服务的网络和平台，推动新形势下公共文明志愿服务体系的建设，为建设具有重大国际影响力的世界城市和中国特色社会主义先进文化之都作出新的努力。

二、将北京精神培育与弘扬奥运精神结合起来

无论哪一个民族，无论哪一个国家，都必须要有一种鼓舞全体成员发愤图强的精神动力。这种精神动力既是以往优良传统的继承和发扬，又是顺应时代潮流的创新与实践。

在人类社会共同的文明成果中，奥林匹克精神以文化为依托，在相互理解、团结一致、友谊长久、公平竞争的精神感召下，促使人类社会向着更高、更快、更强的目标不断迈进。在社会不断发展的过程中，人类需要共同的精神追求来增进理解、化解矛盾、促进和平，奥林匹克精神就是这样一种人类共同的精神追求，如同一颗放射璀璨光芒的明珠，超越了种族、政治和信仰。

北京奥运会的成功举办感动了中国，震撼了世界。从2008年8月8日到8月24日，人类文明史将收录、珍藏、传诵这辉煌的17天。2008年奥运会的举办，给北京带来了新的活力，让北京走向了世界，也让世界人民开始关注北京，促使北京努力从奥运城市走向世界城市。然而，北京在迈向世界城市的进程中，如何利用自身独有的文化资源和文化特色，将北京精神培育与弘扬奥运精神结合起来，以此来扩大北京在世界上的知名度与影响力，这一问题值得我们深思。众所周知，奥林匹克运动会如今已成为各国文明和文化的集萃之地，成为全球文化互补和共享的平台，也成为东西方文明对话、融合和交流的平台。奥运会是城市自信力的表达，标志着所在国家自信宽容地面对世界的各种挑战。通过奥运会，主办城市将蕴藏在城市历史中的城市精神和城市品格向世界作了阐释与宣告。奥运会的召开，也促进了市民全球意识的提高，为举办城市的市民提供了一个与世界多种文化、多种价值观对话的机会，也为举办城市的市民提供了一个展现个性、精神的舞台。主办城市的国际形象，就经由奥运会这个华丽的舞台

展示在全世界各国人民的面前。2008年奥运会虽已结束，奥运精神以及奥运的影响却依然存在。奥林匹克运动不仅仅是一种“更高、更快、更强”的自我挑战精神，倡导人的身体和思想道德全面和谐发展，体现了“超越、融合、共享”，同时也代表了积极的人生态度，坚毅、顽强、勇敢、包容等精神在奥运会历史上一一得到体现和印证。可见，奥林匹克运动会的真正目的不仅仅是推动竞技运动，更重要的是通过竞技运动，用所推崇的奥运精神来教育人类，从而推动和谐美好世界的建立。

2008年，作为北京城市发展进程中的重要里程碑，北京奥运会为充分展现北京精神提供了千载难逢的机遇和平台。其向世界充分彰显了北京城市文明的魅力和北京精神的独特意蕴，极大地提升了北京城市建设的国际化和现代化水平，进一步增强了北京的知名度和美誉度，产生了深刻而广泛的影响，对于处在发展战略机遇期的北京具有尤为重要的历史和现实意义。北京作为奥运会举办城市，北京精神为北京建设和谐社会提供了高质量的城市人文软环境的标尺，提高了北京在世界城市体系中的地位，增加了北京在全球经济、文化和政治上的引导能力。北京奥运会是彰显北京精神的特定舞台。2008年的北京奥运会与国际奥林匹克精神既相互联系，又有其独创性。一方面，北京奥运会是在国际奥林匹克精神的总体框架下展开的，是国际奥林匹克精神的生动实践和具体体现；另一方面，2008年北京奥运会又集中体现了北京城市的独特精神品质，是对国际奥林匹克精神的创新发展。2008年北京奥运精神既包含了“相互理解、友谊长久、团结一致、公平竞争”的国际奥林匹克精神的核心理念，又凸显了“爱国、创新、包容、厚德”的北京精神。可以说，奥运会激活和强化了北京精神的若干特质，而北京精神则为奥运会注入了独特的精神内涵。北京精神所构筑的城市品格和灵魂，正是社会主义核心价值体系在首都北京的具体化，其内在精神所指引的城市发展境界，维系着人与人、人与社会、人与自然亲善关系的和谐图景。

奥运会是爱国精神的集中体现。举办奥运会的典型意义在于：一座城市、一届奥运会，被整体性解读为一个国家一个世纪的梦想。运动场上对优胜者升国旗、奏国歌便是运动员代表国家取得的荣誉，这对运动员和观众都是激动人心的爱国主义教育。中国射击运动员许海峰在第23届洛杉矶奥运会比赛时实现了中国奥运会金牌“零的突破”，中国游泳队的林莉是第一位在奥运会上打破世界纪录的中国人，伏明霞更是三届摘四金，乒坛皇后邓亚萍是唯一蝉联奥运会乒乓球金牌的运动员并获得4枚奥运金牌……这些世界纪录代表着精彩的瞬间和不灭的记忆，代表着一种人类最高贵、最具分量、最有价值的精神。

奥运会是创新的典型体现。创新精神是一种勇于抛弃旧思想、旧事物，创立新思想、新事物的精神。没有创新就没有奥林匹克从古代向现代的转变，没有创新就没有今天能够令亿万人瞩目的运动会，没有创新就没有奥林匹克不断提高的运动成绩。可以说，创新是奥林匹克得以发展壮大的生命之源。无论是跳高姿势的创新与变革、约翰逊“阿甘式跑法”，无论是雅典奥运会的火炬传递的创举、奥林匹克火炬传递，还是女运动员的参赛权与黑人选手出现在奥运赛场上，这一切都发扬了不断突破自我、追求发展、不断超越的创新精神。此外，科技创新也成为奥运会的“主旋律”。可以说，每届奥运会上，人们都会看到新颖奇妙的东西，看到新技术在奥运会上的应用。在运动技术水平差距不断缩小的情况下，技术进步的重点逐渐转向运动器材、训练设备、训练方法的不断更新。奥运会从场馆设计到工程建筑，从新能源利用到环境保护，从火炬点燃到安全保卫，从城市交通到气象服务，无不渗透着科技新成果的运用。奥运会不断为科技创新提出新的课题，并为其提供大型实验和应用的场所，以及交流机会。

奥运会传递了包容的胸怀。没有包容，没有基于包容的理解与协作，人类拥有的就可能只是流血、杀戮和最终的毁灭。而奥林匹克运动会号召全世界人民打破彼此之间的隔阂与樊篱，消除误解与冲突，共同拼搏、挥洒汗水，奥运精神使来自世界各个国家、各个地区的运动员实现了真正的团结。包容，实际上是奥运会的第一精神。它使奥运会展现出巨大的魅力和包容力，奥运精神使来自世界各地的运动员实现了真正的团结，超越了种族、国界。

奥运会展现了厚德的城市风范。北京志愿者在北京奥运会上让首都的微笑名片继续绽放。10万名赛事志愿者、40万名城市志愿者和百万名社会志愿者用真诚的微笑和贴心的服务，向世界送出170万张“名片”。志愿者不仅是奥运会精神遗产的一部分，也是构成当代社会主流价值观的重要组成部分。志愿者基于道义、信念、良知、同情心和责任，不计报酬，服务社会，服务他人，志愿者带给人们一种温暖的力量。奥运会后，志愿服务实现常态化发展。北京志愿者延续奥运热情，用热情的微笑和专业的服务圆满完成国庆60周年志愿服务任务，在抗震救灾中谱写爱心传递的新篇章，在上海世博会上展现风采……这都是彰显北京精神德泽化人、容载万物的鲜活素材。

中华文明博大精深、源远流长，历史文化名城北京以其深厚的文化底蕴和城市精神屹立于世界的东方。2022年，冬奥会将在北京和张家口举办，其“以人为本”的体育内涵和“人文关怀”的理念是北京在新形势下对奥运精神的再次注解。在奥运精神的指导下，北京向世界展示了“爱国、创新、包容、厚德”的精神理念。我们将继续弘扬北京精神和中华文明，以实现中华民族伟大复兴为己任，更加努力地将北京打造成为一流的世界城市，让北京继承新的文化财富从而进一步丰富北京精神的内涵和意义，推动北京的社会主义和谐社会首善之区建设。

三、将北京精神培育与实现中国梦结合起来

如果说北京精神是北京这座城市的理想星空和精神坐标，那么中国精

神就是实现中国梦强劲的精神支撑。中国梦像个精神同心圆，是无数个人梦的交汇与升华。如何将“爱国、创新、包容、厚德”的内在要求全面融入中国梦，让北京精神真正成为全体首都市民的共有精神家园，是我们需要长期面对的重大课题。党的十八大为我们描述了一个美丽的中国梦，在这个梦想里，国家繁荣富强，政治民主进步，文化欣欣向荣，社会安定和谐，人民自由幸福，中华统一大业得以实现；在这个梦想里，学有所教、老有所得、病有所医、老有所养、住有所居。中国梦的提出，就是把中国特色社会主义共同理想的基本内容全部涵盖在里面，用人民群众喜闻乐见、能够听得进去、记得住的话语表达出来，这是更加能激发中国社会奋勇前行的一种精神力量。北京精神则是一个很好的切入点，可以起凝心聚力的作用。

2012年11月29日，习近平总书记在国家博物馆参观《复兴之路》展览时，向全世界宣示了一个新的中国词汇——中国梦，首次向全中国民众发出“为实现中华民族伟大复兴的中国梦而努力奋斗”的宣言，用“雄关漫道真如铁”“人间正道是沧桑”“长风破浪会有时”三句话，概括了中华民族的昨天、今天和明天，阐述了中国梦的深刻内涵：“实现全面建成小康社会、建成富强民主文明和谐的社会主义现代化国家的奋斗目标，实现中华民族伟大复兴的中国梦，就是要实现国家富强、民族振兴、人民幸福……”话语一出，全国热议。中国梦是国家之梦，民族之梦，人民之梦。人民为中国梦而努力，中国梦造福人民，使所有中国人过上幸福生活。在第十二届全国人民代表大会第一次会议上，习近平主席代表新一届党和国家领导人发表了25分钟的讲话，9次提及“中国梦”，44次提到“人民”。习近平总书记对中国梦进行了新的阐述：“中国梦归根到底是人民的梦，必须紧紧依靠人民来实现，必须不断为人民造福。”党的十八大强调指出：我们党担负着团结带领人民全面建成小康社会、推进社会主义现代化、实现中华民族伟大复兴的重任，并提出新形势下全面提高党的建设科学化水平的总要求和各项任务。如今，实现中国梦的伟大号角已经吹响，属于13亿中国人的“梦想”号巨轮已经起航。

2013年3月17日，第十二届全国人民代表大会第一次会议上，习近平主席指出：实现中国梦，必须弘扬中国精神，这就是以爱国主义为核心的民族精神，以改革创新为核心的时代精神。爱国主义始终是把中华民族坚强团结在一起的精神力量，改革创新始终是鞭策我们在改革开放中与时俱进的精神力量。全国各族人民一定要弘扬伟大的民族精神和时代精神，不断增强团结一心的精神纽带、自强不息的精神动力，永远朝气蓬勃地迈向未来。对于一个国家来说，精神财富是一种推动社会进步的力量、是民族强盛发达的一个标志。恩格斯曾说，一个民族要站在科学的最高峰，就一刻也不能没有理论思维。正所谓：人无精神不立，国无精神不强。精神铸就灵魂，一个灵魂缺失的国家或民族是强盛不起来的，更不会得到他人的尊重。中国梦，不仅要在物质上强大起来，也要在精神上强大起来。因为，我们所要实现的中国梦，不是其他主义的梦，而是社会主义之梦。物质贫乏不是社会主义的中国梦，精神空虚也不是社会主义的中国梦。早在党的十七届六中全会通过的《中共中央关于深化文化体制改革推动社会主义文化大发展大繁荣若干重大问题的决定》中就指出：“物质贫乏不是社会主义，精神空虚也不是社会主义。”这个论断是对邓小平“贫穷不是社会主义”论断的继承与发展。中国人讲精气神，人活着，靠的就是精气神。中国精神就像一条凝神聚力的精神纽带，是中华民族自强不息的精神动力。中国梦融汇了亿万人民的个人理想，具有强大的“指南针”“黏合剂”“凝聚剂”功能。当然，实现中国梦，需要每个人“拾柴添柴”，需要调动一切积极因素，团结一切可以团结的人，化消极因素为积极因素，化不和谐因素为和谐因素，这就需要聚合更多的正能量。

何谓“正能量”？社会生活中的正能量指的是一切予人向上和希望、促使人不断追求、让生活变得圆满幸福的动力和感情。正能量潜伏在中华民族传统美德里，赋予中华民族无穷的力量，代表着积极向上的思想、乐于奉献的精神和乐观豁达的心态。实现中国梦需要有强大的精神动力，也需要有坚定信仰的指引。精神动力的价值不仅仅在于奉献，还在于传递并汇聚正能量，引领社会风尚，规范自身言行。正能量，犹如一盏引路明灯。雷锋、焦裕禄、任长霞、郭明义等身上所传递出来的正能量鼓舞着13亿中华儿女。中国梦的实现，需要我们每个人激活正能量，释放正能量，传递正能量，汇聚正能量，才能一步一步地走进梦想的殿堂。一份正能量乘以13亿等于最美中国梦。从这方面来看，北京作为首都，北京精神的提出无疑是提振中国精神的良方，北京精神的培育和践行对中国梦的实现意义重大，助推着、托举着中国梦，而中国梦也是践行北京精神强大的、共同的价值向导。为此，北京必须以更加开放和积极的心态改进北京精神培育方面的各项工作，并在全体市民的广泛参与下建成具有鲜明中国特色的社会主义性质的世界城市。

2013年5月4日上午，在全国广大青年欢度“五四”青年节之际，中共中央总书记、国家主席、中央军委主席习近平参加共青团中央主办、教育部协办的“实现中国梦、青春勇担当”主体团日活动，发表了五四重要讲话，深刻揭示了实现伟大的中国梦与当代青年的密切联系，深刻指明了广大青年在实现中国梦进程中建功成才的努力方向。我们要把培育北京精神与深入学习贯彻习近平总书记五四重要讲话精神结合起来，作为青少年开展好、践行北京精神主题教育实践活动的灵魂，充分认识广大青少年在实现中国梦的历史进程中肩负的光荣职责，帮助广大青少年深刻理解总书记对青年一代提出的重要要求，不断增强广大青少年对于北京精神培育的责任感和使命感。深刻认识坚定理想信念是青年成长成才的核心灵魂，深刻认识勇于创新创造是青少年成长成才的时代要求，深刻认识矢志艰苦奋斗是青少年成长成才的精神支柱，深刻认识锤炼高尚品格是青少年成长成才的立身之本。青少年是社会上最富活力、最具创造性的群体，是引风气之先的社会力量，理应走在创新创造前列。共青团组织要让更多的青少年为实现中国梦增添强大的青春能量，在广大青少年中兴起学习习近平总书记系列重要讲话精神的热潮，充分发挥基层团组织的作用，使学习宣传贯彻活动覆盖影响更多的青年。在实现中国梦的征程中，北京精神培育可以作为为广大青年提供鲜活素材的有效载体，帮助广大团员青少年全面理解、准确领会讲话精神，推动形成良好的学习氛围。这样，培育北京精神就会拥有生生不息的力量源泉，北京精神的培育就会获得更加广泛和坚实的群众基础。有梦想、有机会、有奋斗，北京精神的美好前景才能变成现实。

第三节　北京精神培育的知识借鉴

一、中华民族传统美德所包含的丰富思想

1. 中华民族传统美德的核心价值观

中华民族传统美德是中华民族赖以生存、延续和发展的深厚道德根基。正心、诚意、格物、致知、修身、齐家、治国、平天下，是中华民族传统美德的显著特征。中华民族传统美德，既是中国人安身立命、为人处世、成就事业的品德基础，又是引导中华民族不断凝聚、创造、发展和强大的精神动力，还是中华民族进步、社会发展、国家稳定的精神支柱，它陶冶着一代代仁人志士，推动着中华民族不断发展。以仁义礼智信为主要内容的中华传统美德，重视个人道德品质的锤炼，重视道德规范的践行，重视整体利益价值的追求。“仁义礼智信”是中华民族传统美德的核心范畴，贯穿于中华民族传统美德的整个发展历程，是中华民族传统美德的核心价值观。

"仁义礼智信"是中国古代儒家归纳的五个最基本的道德范畴，是中华民族传统美德的核心价值理念和基本精神，也是历史上人们遵循的最重要的五种社会道德规范。从性质上看，"仁义礼智信"具有基础性和系统性，是人们应该履行的基本、主要义务，而非从属、次要义务；从与其他道德规范的关系看，"仁义礼智信"具有根源性和主导性，其他许多道德规范都是从它引申而来的；从历史影响看，"仁义礼智信"牵动着整个社会的道德体系，推动着整个社会的道德教化，提升着整个社会的道德水准，对协调人际关系、改善社会风气、锤炼民族性格、培育民族精神，发挥着重要作用。"仁义礼智信"，在中华民族传统美德中居于核心地位，是中华民族传统美德的高度概括。因此，我们认为，"仁义礼智信"可以确定为中华民族传统美德的核心价值观。仁义礼智信这五个德目是一个完整的价值系统，在中华民族传统美德中"一以贯之"地起着文化规范和导向作用。离开了它们，就很难正确理解中华民族传统美德的道德内涵，也很难对传统道德作出正确的价值判断。"仁义礼智信"作为一个整体，构成了传统文化中社会适应力很强的价值系统。它们是一套完备的德行系统，相互诠释、相互调节，并且衍生出其他适应不同社会关系、不同人生境遇的伦理规范，如"仁"对应的是诚、恕、慈、宽；"义"对应的是公、志、勇、刚；"礼"对应的是让、恭、孝、俭、惠；"智"对应的是和、敏；"信"对应的是忠、毅。因此，"仁义礼智信"在现代社会的发展应该是整体的，仅仅截取其中的一项，则会失去中华民族传统美德的系统性，从而只能成为现代道德需求的某种代名词，也就失去了现代道德建设所需要的文化资源。

"仁"的提出，最初与氏族宗族血缘关系相连，主要是指同情、关心和爱护人，其完整思想首先是由孔子阐释和传播的，可以表述为对人类的内在关怀、尊重与热爱，是万物共生的根基。"义"最初的含义，既指仪表和风貌，也指适宜和正当，后来泛指一切道义，其作用是维持社会秩序，表述为超越自我、面向现实世界的正义，是人间正道的准则。“礼”最初是原始社会祭神祈福的一种宗教仪式，经过儒家的改造，其内容由单纯的习俗仪式发展成规范婚姻、血统、长幼、尊卑等关系的行为准则，并逐渐制度化、法律化，是处理人伦关系与现实秩序的行为规范，是社会和谐的保障。“智”最初是指人们对事物的判断迅速准确，后来被春秋时期儒家赋予明辨是非善恶、自知知人等道德内涵予以倡导，是认识世界和处理人际矛盾的理性原则，是人类进步的源泉。“信”最初是指祭祀上天和先祖时诚实不欺、不敢妄言，后来逐渐摆脱其宗教色彩，特别是经过春秋时期儒家学者的倡导，成为一项重要的社会道德规范，是保证人类自由交往活动的道德责任和精神纽带，是立身兴国的根本。其中，“仁”与“义”在核心价值观中占主导地位，在中华民族传统美德中居于第一层面。“仁”是各种德性的源泉，“义”是所有规范的原则。“仁”与“义”的统一，意味着德性与规范的有机统一，意味着德性与规范的内在融合。“仁”构成中华民族文化的价值基点和道德本性，它所表现出的“爱”，驻留在人类及其生活世界里，来源于历史文化和血缘情感的联系。这种“爱”，既不断地激发人类文化生生不息的创造活动，又承受人类及其生活世界的灾难与沉重。也就是说，“仁”表达了这样一种文化意识：要获得人类生生不息的文化创造动力，就要主动承受人类文化创造活动之重，这是道德人的自由选择。

以“仁义礼智信”为主要内容的中华民族传统美德，作为人们普遍遵循的道德规范，深深地熔铸在民族精神之中，千百年来一直是支撑中华民族持续发展的重要动力，也是我们民族凝聚力的灵魂和安身立命的精神家园。民族精神是一个民族赖以生存的根基和发展的不竭动力，民族道德作为民族精神的重要组成部分，是中华民族立国、中国人立身的力量源泉。一个人的成败，一个家庭的盛衰，一个国家的兴亡，无不与道德息息相关。中华民族传统美德具有强大的凝聚整合功能和激励创造功能，能够促进价值认同、增强民族信念，激发人们的进取精神和创造活力，最大限度地把全民族的智慧和力量凝聚起来，为实现共同的民族利益和国家目标而奋斗。“仁义礼智信”作为我国传统道德之纲，牵动、影响和辐射着整个社会道德规范体系，推动着整个社会的道德教化，提升着整个社会的道德水准。“仁义礼智信”作为中华民族传统美德的核心价值观，体现着全体民族成员在道德观念、价值取向、思维方式等方面的共同性，对于确定中华民族文化发展方向、锤炼民族性格、培育民族精神，起到了重要的作用。可以说，正是由于这一核心价值观的力量，中华民族才能长存不亡，在多灾多难中始终奋进不止。

“仁义礼智信”五德目源远流长、内涵丰富、自成体系、简洁明了。从内容上看，它用五个字浓缩了人们普遍认同的道德原则、道德规范和道德要求，易于得到广泛认可；它既有一般性的、适用于所有人的基本道德要求，又包含着较高层次的道德追求，便于人们身体力行。从形式上看，仁义礼智信这五个字易记、易懂、易传，便于普遍推广。“仁义礼智信”作为中华民族传统美德的核心内容，影响深远，对塑造国民性格、培育中华文化、促进社会发展发挥着十分重要的作用。今天，我们应站在时代发展和人类文明进步的高度，科学审视以仁义礼智信为主要内容的中华民族传统美德，认识其历史局限，赋予其新的时代内涵，并加以大力弘扬。

第一，仁：仁爱包容。

在中华民族传统美德中，“仁”居于统帅地位。“仁”作为我国传统美德的核心，是中华民族美德体系的价值原点。从孔子提出的“仁者爱人”到宋儒的“仁民爱物”，从谭嗣同的“仁为天地万物之源”到孙中山的“博爱”，直到今天“仁”的精神升华为我国道德建设的核心“为人民服务”，我们能找寻到贯穿于其中的一条“仁”的主线。可以说，“仁”所蕴含的仁爱和谐的宽广情怀，是中华传统美德留给我们的宝贵道德资源，是我们培育社会主义道德精神和繁荣民族文化的源头与历史依托。今天我们所弘扬的北京精神，是以社会和谐、共同发展为目标，大力提倡人们对他人、对社会、对自然的爱，大力提倡人与人之间平等相待、友好相处、团结互助。当前，提倡仁爱包容的精神，有利于融洽社会成员之间的关系，增进人与人之间的亲善。仁爱包容，是对人和物怀有仁爱之心，在家庭关系、社会关系中彼此友爱、相互关怀，将他人、社会与自己的利益紧密联系在一起，严己宽人、心怀宽广、待人宽厚，不念旧恶、不苛求于人。并做到人与人之间的平等，强调以人为本，注重人文关怀，提倡人人多为社会、为别人奉献爱心的慈善精神和博爱精神，提倡建立人与人之间的团结友爱、互相扶持、互相体谅的平等互助关系。同时，对不同意见和不同群体利益应予以理解和宽容，和而不同、和平共处、共生共赢。

仁爱包容，是“仁”的基本内涵，包括了仁者爱人与宽容他人两个方面的含义。仁者爱人包含着仁爱亲亲和仁爱他人的基本内容。“仁”最初的含义，就是亲亲，所谓亲亲为仁。我国古代之所以把亲亲作为“仁”的基础含义，是因为在我国历史上以亲为基础的血缘关系，一直是个人一生中最基本的关系。以家庭和血缘为主导的内亲与衍生的外戚的爱，也就成了“仁”的原初含义。亲亲，不仅是“仁”最基础的含义，也是“仁”得以实践的内在心理依据。古人认为，爱亲是爱人的基础，如果离开了爱亲，“仁”就成了无源之水、无本之木。只有能够爱亲、孝父母、散兄弟、抚子女，才有可能做到慈爱他人。把“仁”建立在爱亲的基础之上，实际上也就是把爱人建立在一种自然的情感基础之上，这样就使“仁”具有了一种天生的亲和力，为仁者爱人奠定了心理基础与可能性。仁爱他人则意味着仁从爱亲走向了爱众，由家庭走向了社会。仁者爱人的思想，就是要爱他人，这里的他人已不仅仅是亲人，还包括邻居、朋友，甚至是陌生人，从狭隘的家族领域进入到了广阔的社会领域，使家庭伦理转变成社会伦理。一般而言，作为一个普通常人，要把这种由“仁”所生的爱施之于亲，施之于父母兄弟妻子，也许不是一件很困难的事情，但要把这种爱无条件地给予他人，甚至是陌生的他者，要把这种爱施之于宇宙万物、芸芸众生、花鸟草虫、飞禽走兽，其难度则是可想而知的。为仁必须由己。要行仁施爱，最根本的就是要首先从自己做起。只有自己具有一个仁爱慈善之心，关爱他人，心中有他人，才有可能在关键时刻得到他人的帮助。

仁德中关于包容的思想，主要包括两个方面：一是宽容他人，要求我们用宽容宽厚的精神来处理人际关系。宽容精神是人与人之间交往的起码道德要求，它提倡宽容及人与人之间的互相关心、互相尊重，它发轫于孔子仁学中关于忠恕之道的思想；二是要求治国者应该实行一种宽政，为政以仁，主要发轫于孔孟关于仁政德政的思想。仁政德政的思想，也是仁德中关于仁爱包容思想的重要内涵，同时也可以看成是包容精神在政治领域的实际应用。忠恕之道最核心的思想，实际上就是平等人道和仁爱包容的精神。忠恕之道要求“己所不欲，勿施于人”，提倡的是人们不要把自己的想法、观念与见解强加给别人，要求人们能够站在他人的立场与角度思考问题，善于推己及人，体现的是一种平等人道精神；忠恕之道要求“己欲立而立人，己欲达而达人”，则是要求人们要关心人，要善于成人之美，体现的是一种仁爱包容精神。

第二，义：奉公爱国。

“义”在中华民族传统美德体系中，与“仁”一样，起着重要的支撑作用。作为主导性的价值观和道德观，“义”的观念深深地融入了中华民族的道德体系，是中华道德精神的精蕴，“义”与“仁”一起成为道德的代称。我们往往评价一个人为有情有义，或者无情无义，前者表明了我们认为他是一个重情重义、懂得回报、值得交往的人，在人际交往中易于被人接纳；后者则表明这个人冷漠自私、不懂珍惜与回报，甚至忘恩负义，在人际交往中往往是被排斥的。在现实生活中，以“义”为基础的人与人之间的交往，亲近而自然；以“义”为基础的人与人之间的感情，真挚而长久。在人与人之间的关系上，从某种意义上讲，“义”比其他的道德范畴表现得更加鲜明和直接，也更容易使人们和睦相处。“义”作为判断是非善恶的基本价值规范，是人们立身处世的根本。随着时代的进步和社会的发展，人们需要为正义、道义而献身的情形，已经与过去有很大不同，有时是与非、善与恶、真与假的矛盾冲突非常尖锐复杂，所以，更应大力提倡做人的正直公道，提倡维护社会公平和正义，提倡奉公爱国。

“义”的最高价值体现是对社会和国家高度的责任意识。奉公爱国是中华民族的光荣传统，是中华民族传统美德的灵魂所在，也是中华民族传统美德所要实现的最高目标。奉公爱国，是义德在国家和社会层面的扩展，是指维护和发展社会公共利益、集体利益，增强对社会主义祖国和中华民族无比忠诚的国家意识和民族意识，自觉地把个人的利益、前途、命运同祖国的利益、前途、命运紧密联系在一起，自觉投身到社会主义现代化建设中去，以实际行动热爱祖国、建设祖国、保卫祖国。“义”对于人生的指导作用，最突出的检验方式，就是在面临大是大非的时候，能否坚持气节，不同流合污，不随波逐流，做到“出淤泥而不染”。孔子以“杀身成仁”来表达在是非面前能否持守公正立场的选择。文天祥在《过零丁洋》中高唱“人生自古谁无死，留取丹心照汗青”，用自己不屈的气节诠释秉持公正、奉公爱国的含义。在我们积极进行社会主义现代化建设的今天，我们每个人都应该勤勤恳恳、踏踏实实地工作、学习和生活，以自己的实际行动为社会财富的增加贡献一分力量，应该随时维护祖国的尊严和形象，坚决同一切破坏国家利益的行为作斗争，做一个矢志不渝、忠贞爱国的人。

在日常生活中，奉公爱国要求我们从小事做起、从身边事做起。我们应该防微杜渐，事事以公正的心态和立场做出决定与评价，坚持正义，以点点滴滴的公正成就一个正义奉公的人生。一件合乎道义的小事、平常事，对我们来说也许是微不足道的，但是，对他人、对社会，乃至对国家而言，就可能具有非常重要的意义。尤其是在国际交往中，爱国奉公往往就体现在我们的一言一行中。

第三，智：求真创新。

在中华民族传统美德中，“智”是最基本、最重要的德目之一。中华民族的贵智传统，崇智求真的传统美德，自古至今，绵延不绝。以改革创新为核心的时代精神，高举创新旗帜，鼓励创造，使求真创新成为当代中国社会的主旋律之一。传统美德强调“智”是认识、把握其他四德的理性基础。只有通过“智”，才能使“仁”“义”“礼”“信”转化为人们内在的道德观念，求得道德之真理，创出道德之新风。赋予智德以求真创新的新内涵，体现了智德在当今时代的最高境界。当前，我国经济社会发展正处于转型关键时期，迫切需要在各个领域实现新的突破，求真创新提倡在工作和生活中崇尚科学、追求整理、不畏艰难、锐意进取，培育创新精神、提高创新能力。

“智”作为中华美德之一，不仅指明是非、辨善恶，而且指在实践中身体力行真知。一个真正智慧的人，不仅是勤学敏思的人，还应该是明理力行的人。明理即阐明事理，力行即努力实践。明理力行包括：知道遵道、利人和国、自知知人、慎言慎行、见微知变。“明理”的目的是为了“力行”，对道理的理解只停留在口头上和字面上，是远远不够的。“明理力行”，重在对“行”的要求。要将掌握的知识和做人的道理付之于实践，做到“知行合一”。道德实践以“明理”为前提，以“力行”为过程，是知行统一的过程。智德不仅要求我们明是非，辨对错，知礼仪，懂廉耻，更要求我们懂得事物发展的规律并自觉地应用这些规律。要求真务实，除了敢于探索真知、维护真理、讲真话外，还要敢于开拓创新。任何真知、真理的获得，都不是一件容易的事情，因为真知、真理往往是事物背后的本质，而要得到这些隐藏在事物背后的东西，就需要有一种开拓创新的勇气。所谓开拓，就是走前人没有走过的路，涉足前人没有涉足的领域，以一种披荆斩棘的勇气去发现未知世界的奥秘，去增加人类的知识总量。所谓创新，则是在获取一定的真知的基础之上，结合自己的才智，运用事物自身的规律来发明和创造世界上本来没有的东西，从而为解决人类面临的问题和困难贡献自己的智慧。

当今世界是一个新事物层出不穷的世界，这些新事物几乎全部是人类努力开拓与创新的结果。在中华民族漫长的历史上，对未知世界的探索，几乎从来没有停止过。今天，弘扬传统美德中的智德，最具有时代意义的就是弘扬智德中所蕴含的对科学与真理的探索精神，也就是一种求真创新的精神。中华民族自古就是一个善于求真创新的民族，敢于创新、善于发明新事物。这些发明创造，都是我们祖先智慧的结晶。我们的先人不仅制刃、制器、作车、作舟，而且凭其无与伦比的智慧发明创造了诸如指南针、造纸术、火药、印刷术等独步世界、远扬四海的器物，为人类文明的发展做出了杰出的贡献。中华民族在精神领域也取得了令人叹为观止的成就。无论是《红楼梦》《水浒传》《三国演义》，还是《史记》《本草纲目》《天工开物》，都是中华民族思维与智慧的杰出成果，也是世界文明史上的璀璨明珠。今天，我们强调自主创新，就是要发扬中华民族求真创新的优良品德，在经济、文化、科技等方面勇于创造开拓，掌握自主知识产权，增强创新的动力和活力，提高核心竞争力，这样才有可能使我们在激烈的国际竞争中占据有利位置，永远立于不败之地。

2. 中华民族传统美德中的其他德目

中华民族传统美德范畴十分丰富，每个范畴的内涵不尽相同，而且随着时代的变化而发展，形成了中国人美德的博大体系。我国古代的美德德目，既是一种道德规范，又是一种道德意识和理念，它把道德知识、意识、理念、规范、行为有机地结合在一起，坚持外在道德教化与个体内在修养相统一。在中华民族传统美德的众多德目中，“仁义礼智信”五德目无疑是最重要和最需要弘扬的。然而，这五德目并不能把中华民族传统美德的所有德目囊括无遗，尽管我们可以把与“仁义礼智信”有内在联系的其他中华民族传统美德德目，如“忠”“孝”“勇”等，融入“仁义礼智信”之中，但是，对其他传统美德德目，譬如“廉”“俭”“耻”等，也不能忽视和抛弃，应注意经过创造性的转化加以继承和弘扬。因此，“仁义礼智信”这五个德目不能完全涵盖“忠、孝、廉、耻、勇”等这些传统美德德目的丰富内容，它们的内涵、外延，相互区别，也有交叉。值得注意的是，忠、孝、廉、耻、勇这些传统美德德目，在我国历史发展进程中，一直发挥着极为重要的道德规范作用，对于今天我们践行北京精神也有着不可或缺的重要意义，必须把它们重新加以提倡和强调，使北京精神的内涵概括更加完整、丰满、全面。

第一，忠：尽忠报国。

“忠”，就是忠诚，是克己致公。范仲淹早在《岳阳楼记》里就写下“先天下之忧而忧，后天下之乐而乐”的名言，顾炎武也在《日知录·正始》中提出“天下兴亡，匹夫有责”的警句。忠诚，主要是对国家而言的。一个人为了国家的利益而思考、进言、奔走、奋斗，这就是报国之忠。尽忠报国的思想，是任何一个国家和民族都需要的精神理念。如果一个国家或民族，每个人都自私自利、贪生怕死，那么这个国家和民族就不可能存在和发展下去。因此，忠诚是每个国家和民族都积极提倡的一种群体意识，是思想建设的重要内容。

近代，企业家通过兴办实业使民富国强，这也是一种尽忠的方式。他们痛恨殖民主义者在中国横行，“报国之心，死而后已”。20世纪初，荣宗敬、荣德生兄弟二人创建荣氏企业，他们看到外国面粉源源不断倾销中国，中国财富大量外流，于是集资开设面粉厂，抵制洋货。他们的爱国之心赢得了民心，企业迅速发展起来。抗日战争时期，日本商人企图通过“合作经营”或“巨资收购”方式吞并荣氏企业，荣氏兄弟不畏威胁，毅然把资金转移到大后方生产抗日物资，表现出民族企业家忠于国家的美德。另一位企业家张振勋早年只身漂流南洋，历尽千辛万苦，稍有积蓄，马上携资回国，立下“华人当为祖国效力”的誓言。他四处奔波，成立了我国第一家机制葡萄酒厂。为了酿造美酒，他事必躬亲，从海外引进葡萄苗，延请外国高级酿酒师，反复试制，终于使中国产的白兰地在1915年获得世界金奖。此外，张振勋还开办了一批“裕”字号企业，为振兴民族工业做出了贡献。他忠于国家，向社会奉献爱心，用传统美德感动民众，塑造了中国民族企业的良好形象。

在中国共产党的领导下，无数革命先烈不畏牺牲，报效祖国，英雄人物、英雄事迹层出不穷。李大钊、夏明翰、刘胡兰、董存瑞等，有的面对敌人的威胁，大义凛然，坚贞不屈；有的为了夺取战斗的胜利，不怕牺牲，勇于献身。正是他们的付出，为我们的国家带来了希望和黎明。中华人民共和国成立以后，在人民当家做主的新社会，忠于职守、报效祖国的英雄人物和事迹，同样不胜枚举。黄继光、邱少云、毛岸英等数不清的革命先烈，用生命实践了“保家卫国”的铮铮誓言，用鲜血谱写了一曲曲热爱人民、忠于祖国的赞歌。在和平建设时期，党的好儿女雷锋、向秀丽、焦裕禄、孔繁森等，他们心中装着共产主义远大理想，在平凡的岗位上作出了不平凡的业绩；胸怀人民，把自己的一切献给了人民的事业。他们是中华儿女的优秀代表，是忠于国家的楷模。

我国的社会主义现代化建设，迫切需要有奉献精神的报国之士，每个人有多大力，就应出多大力。我们热爱祖国、忠于祖国、建设祖国、捍卫祖国，以自己的辛勤劳动和聪明才智，推动祖国向着更加美好的未来发展前进。无论工作、生活在哪里，无论在什么样的情况下，都坚决维护国家的主权、利益、尊严和荣誉，坚决反对一切危害国家的行为，坚决不做任何有损国格的事情。

第二，勇：自强创新。

“勇”即无畏无惧，是属于道德意志方面的品格，要求人们面对艰难困苦而不胆怯、不回避。“勇”要求人们勇往直前，是人们在认识自然和改造自然、认识社会和改造社会、认识自身和完善自身的实践中所应具有的美德。“勇”有着肩挑大义的气概，有着敢于冲锋陷阵、刻苦攻关的勇武精神，有着自强不息的阳刚动力，更有着敢于挑战权威、有独立人格和见解的勇气。当然，“勇”主要体现在创新精神上。古今中外，勇于创新的事例不胜枚举。诺贝尔奖奖金设立者、瑞典化学家阿尔弗雷德·诺贝尔，为了研究炸药，在一次实验中，一个弟弟当场被炸死，父亲炸成重伤，自已也被炸得鲜血淋淋。但他毫不气馁，最终研制成功了硝化甘油炸药，对工业、交通运输业做出了巨大的贡献。被誉为“当代毕昇”的王选，从20世纪70年代开始，主持我国计算机汉字激光照排系统和电子出版系统的研究开发，带领科研团队开创性地研制出当时国外尚无商品的第四代激光照排系统，取得了一项欧洲专利和八项中国专利。这为中国印刷业带来了“告别铅与火，迎来光与电”的重大转变，使中国报业技术达到国际先进水平。王选作为中国知识分子的优秀代表，在他身上，集中体现了中华民族放眼世界、勇于创新的优良传统。英国博物学家达尔文在进化论中提出，在自然界中“物竞天择，适者生存”，弱者如果不自强，不勇敢地生存，就难以在世界上占有一席之地。在人类社会竞争日趋激烈的时代，为了个人的前途和国家的发展，我们不能不提倡勇敢的精神，要以勇往直前的大无畏气概面对现实，开辟崭新的未来！

3.北京精神是对中华民族传统美德的创造性发展

北京精神是中华民族传统美德在北京的历史传承，是全市人民精神财富的高度概括和集中凝练，体现了中国特色社会主义道德的崇高境界。它与这些宝贵的精神财富既一脉相承，同时又是这些宝贵精神财富在新的历史条件下的深化与发展。“爱国、创新、包容、发展”源于中华民族传统美德，是对中华传统美德的创造性发展。

爱国主义是中华民族的光荣传统，是民族精神的核心，也是北京精神中最核心、最深刻、最显著的特征，具有强大的凝聚力、感召力和创造力，其源远流长、历久弥新。北京市民心系民族命运、关心国家发展、维护民族团结、勇担时代使命，充分体现了强烈的家国情怀。正是这种长期形成的爱国主义传统，激励和促进了近代以来以爱国为核心的北京精神的形成和发展。创新与爱国紧密相连，是一个民族不断进步的灵魂，是一个城市永葆生机的不竭动力，也是时代精神的核心。创新精神继承了中华民族革故鼎新的优良传统，同时体现了时代发展的内在要求。古老而又现代的北京之所以能够历久弥新、生生不息，就是不断创新的结果。崇尚变革创新是中国传统文化的精华，只有不断创新才能使爱国、包容和厚德拥有不竭的动力，同时也赋予爱国、包容、厚德与时俱进的崭新含义。改革创新既准确反映了马克思主义与时俱进的理论品格，又集中体现了首都市民富于进取的精神品质。包容是中华民族的重要精神品质，是一个城市宽广胸怀的生动体现，也是一个城市文明发展程度的具体表现。有了包容，爱国、创新、厚德才有了丰富感和多样性，才有了充实的内容。不同民族、肤色、国籍、宗教信仰的人都能在北京寻找到自己的舞台，也正是这种兼容并蓄、海纳百川、雍容大度的胸怀使北京成为伟大思想碰撞之地并对全球思想产生重要影响。厚德是爱国、创新和包容的具体精神体现，是北京立德扬善的首善品质，也是当代北京人民敦厚尚德的优秀品质和人文精神的典型反映。北京人的厚德精神既体现在重视日常的道德修养上，又体现在高远大度、胸怀祖国的博大胸怀上。以人为本、以德为先、崇尚仁义、讲求诚信已经融入了北京人民的文化生态中，成为北京精神最根本的文化特性。在建设世界城市的过程中，北京也必将继续弘扬中华民族传统美德，弘扬和践行社会主义荣辱观，建设社会主义先进文化，不断彰显人文关怀的内在品质。

二、世界城市精神建设对北京精神培育的启示

1. 建设世界城市必须注重城市精神建设

（1）城市精神是世界城市建设的精神力量。古今中外，城市的变迁与城市精神的发展始终如影随形。城市从它产生的那一天起，就成为城市精神发展的坐标系和辐射源。反过来，城市精神又是城市的灵魂和生命之所在。一个充满魅力的城市总是与它特定的精神相联系，充满鲜明的性格特征。世界上每一个城市都有它的精神特质，这个精神特质是在长期的历史发展中逐渐形成的，受到深厚的历史文化传统的影响和作用，同时又具体体现在城市居民的日常生活中，变为人们的一种行为方式。从纽约到伦敦，从巴黎到柏林，从东京到首尔，从莫斯科到中国香港……城市精神在其发展过程中，闪烁着独有的光彩和魅力，同时也造就了众多历史文化名城的不朽传奇。目前，随着经济全球化背景下"后工业时代"的到来，城市精神与一个城市现实竞争力和未来发展潜力之间发生了深刻的内在联系，并影响着城市发展的目标取向，甚至成为塑造城市形象、提升城市竞争力水平的核心因素。在当今全球化深入发展的背景下，一些经济、金融、贸易发达及位于世界交通枢纽的城市，都有机会成为世界城市，但这些城市缺乏城市的人文特色、人文精神，因而难以发展为"世界城市"。其实，德国诗人歌德在18世纪晚期就提出了"世界城市"这一概念。歌德依据城市的人文精神素质和文明发展状况两个层面，将当时世界上文化文明最发达的两个城市——罗马和巴黎称为世界城市。1966年，英国规划师、地理学家彼得·霍尔对这一概念作了进一步解释，认为世界城市专指对全世界城市或大多数国家发生全球性经济、政治、文化影响的国际一流大都市。可以说，城市的精神文化是一个城市的精神象征、本质表征和核心价值。"没有与城市物质文明协调发展的城市精神，城市的现代化终将

成为不可能。”[1]城市作为一种历史文化现象，可以说，城市精神是历史的又是现实的，是传统的又是现代的，是抽象的又是具体的，世界城市的建设应从城市精神的产生与发展的历史逻辑中，从历史与现实、传统与现代的互动中，发现世界城市的一般与个别的特质。纵观当今世界公认的世界城市，如纽约、伦敦和巴黎，它们的城市文明都达到了很高的水平，尤其是在文化包容性、文明自觉意识、公德素质、创新参与精神、行业文明等方面表现尤为突出。

第一，世界城市的文化多元，包容性较强。纽约是国际移民城市，移民所带来的多元文化具有极强的包容性，造就了纽约城市的商业精神，推动了纽约城市人口结构的优化，塑造了公平竞争、不断创新、自由平等和多元包容的城市精神。“一为经济中心，二为移民中心；正是这两个最重要的方面，赋予纽约城市文化最基本的底色.形成了纽约城市文化历史的积淀。在此基础上，纽约文化与政治、经济、地理各方面的因素交互影响，形成了具有多个特质、多种内涵、多个层面的城市文化系统。”[2]这种多元文化特征是纽约经济繁荣的重要保证，也是纽约能够成为全球性城市的重要因素之一。

第二，世界城市的市民自治参与和文明自觉意识高。街区民俗、社区自治是推动纽约城市发展的文化动力，纽约的非政府社会自治组织是其政治体系的重要组成部分，市政府的决策形成及实施都离不开他们的参与。纽约市民基于自治参与的文化精神，社区居民和广大的社区工作者为了争取更清洁的生活环境、更多的公共空间，以及消除不平等、提高社会生活质量、捍卫自身权益而组织的各类基层社区运动十分活跃。纽约社区居民自治参与的文化精神对于纽约社会发展与文化建设都发挥着重要

---

❶ 鲍宗豪.世界城市与人文精神[J].中国城市经济，2003(43)：77-79.

❷ 乔治·J·兰克维奇.纽约简史[M].辛亨复，译.上海：上海人民出版社，2005：24.

的作用。[1]无论纽约、伦敦还是东京，市民文明自觉意识普遍较高，市民已经把关注身边不文明行为、减少不文明现象、摒弃不文明行为、提高城市的文明程度和树立良好的城市形象的意识内化为一种自觉的行动。这种文明自觉既是市民在城市发展历史的实践中所形成的理想、信念、价值观和行为方式的集中体现，也是市民对自己喜爱的城市生活与文化样式的自主建构。正是这种文明自觉，才使得世界城市在文化个性、文化魅力和文明素质等方面具有竞争优势。

第三，世界城市的商业比较诚信。纽约的行业文明高度发达，许多商家力求做到诚信经营，为顾客营造放心的消费环境，保证服务质量，保障消费者合法权益。商业文明一方面体现为诚信经营，另一方面也表现为体制完善。比如，伦敦在1878年就建立了英国伦敦城市行业协会，这样的非政府组织在指导监督各行各业开展文明经商方面发挥了重要作用。商业诚信体现出市民素质比较优秀。如东京政府采取强化垃圾分类回收，广大市民主动积极配合，使得家电、电脑、家用轿车等报废后获得了重新再利用的机会，大大改善了城市生态环境。

第四，世界城市的创新精神比较突出。伦敦是世界文化名城，有着深厚的文化底蕴。20世纪中期以后，英国在国际体系中的地位和作用日益下降，在这种背景下，伦敦凭借其悠久的历史、全球统一的语言、宽容的城市精神，以及在服务业上的比较优势，以文化创意为突破口，成功保持在世界城市的顶级位置。2004年，伦敦拟定了城市第一个文化发展战略。该战略确定了四个重要目标：发展优秀文化、发展创意文化、发展公众接受的文化、发展有价值的文化。文化创意产业一个最重要的特点，就是其多样性，能够满足各类市民群体不同的精神文化需求。另外，其提倡创意概念，能够调动广大市民的参与积极性，培养市民的创意生活和创意环境，发掘大众文化对经济层面的影响，让每个市民都有机会参与精神文化创意

[1] 奚洁人，等. 世界城市精神文化论[M]. 北京：学林出版社，2010：97.

活动。同样，纽约作为全球知识和信息交流中心、创新中心，集聚了大量的科技创新资源。纽约创新精神的文化特色在于其大众化、民间化、实践化，遍布于纽约大街小巷的各个社区居民都会非常积极参加城市的精神文化创新活动，这种参与互动形成了开放性的城市精神文化。

城市精神是世界城市建设的精神力量，渗透于世界城市建设的各个层面中：观念文化层面——如文化精神；物质层面——如城市人文理念和历史文物中的精神文化积淀；技术层面——如技术文化、技术人文精神等；心理层面——如市民自我超越意识；制度文化层面——如城市民主精神；日常生活层面——如城市风俗人情中折射的民族精神。城市精神永远是城市的灵魂，没有城市精神的引导，没有民族文化的积淀，没有以民众内心的价值判断、认知标准、行为选择等作为外在城市制度文化的支持，世界城市的建设是不会顺利的。北京精神的培育，既是对于北京这座城市精神文化的提升与拓展，又是中华民族的民族文化、民族精神在城市建设和发展中的体现。

（2）北京精神是推进世界城市建设的精神支撑。世界城市是北京市委、市政府站在新的历史起点上，站在首都科学发展的高度，立足首都北京经济社会发展实际描绘出的一幅宏伟蓝图，前景光辉、振奋人心。北京市提出建设世界城市是一个非常重大的战略决策，是顺应全球政治经济格局变化的选择。“爱国、创新、包容、厚德”是北京建设世界城市的新理念。北京要建设世界城市需要有一种海纳百川的包容精神，具备这种精神就能够积极吸纳国内外一切积极的因素，并将其注入到北京世界城市的建设中来，使北京的城市建设体现出世界的风貌和开放的气魄。北京要建设世界城市还需要有一种自强仁爱的厚德精神。城市既是一个由物质构成的人工自然界，更是一个由人群构成的社会自然界。城市建设既依赖于物质基础，更依赖于社会基础，依赖于人。建设依靠人来建设，建设后仍需要人居住和维护。具有自强意志和仁爱品格的人，能够建设一个向上和谐的城市。

北京世界城市建设不能简单模仿或复制已有世界城市的形态和发展路径，而是按照科学发展观的要求凸显北京的独特个性和魅力，要在提高世界影响力的同时，突出中国特色和首都特点。正因为纽约、伦敦和巴黎拥有着内在的、成熟的城市精神，才能成为全球公认的世界城市。建设世界城市，既要着力于硬实力的增长，更要努力打造城市精神软实力的真正优势，形成城市独特的精神文化。否则，无论城市的经济多么发达、物质多么雄厚，不具备世界影响力的城市精神也不是真正意义上的世界城市，因为它缺乏成为世界城市的内在力量。北京建设世界城市，不仅对我国在全球竞争中争取主动权具有重大意义，而且也以培育北京精神为契机将进一步提高国际化水平，吸引凝聚更多的经济、文化、科技、人才等资源，全面提升首都城市建设水平。加强北京精神培育与北京建设世界城市两者是互相促进、不可偏废的。北京建设世界城市既是目标又是过程，建设世界城市的过程也是北京精神深入人心的过程。

北京精神培育有助于增强世界城市的影响力，是加快北京建设世界城市的“助推器”和有力抓手。通过培育和践行北京精神，把北京这座城市发展的内在要求转化为广大市民的奋斗目标，使北京精神成为动员和凝聚北京广大市民为共同理想而奋斗的精神力量，从而使市民不仅在物质生活方面，而且在知识道德、审美情趣诸方面得到全面发展，为世界城市的建设提供强大的精神动力和智力支持。从世界城市的发展规律和特征来看，北京精神所蕴含的“爱国、创新、包容、厚德”四大理念，既充分反映了北京的城市文化背景和历史传统，体现了国家和民族精神的基本取向，同时又有效吸收了当今世界城市发展的核心理念，体现了世界城市应该具备的基本要素。从根本上说，北京精神代表着中国人传统的理想和希望，代表着中国传统文化的精神。从这个意义上说，北京的就是中国的。北京作为历史悠久的文明古都和我国的政治文化中心，它的发展变迁与中华民族的兴衰息息相关。

培育和弘扬北京精神不仅是推进世界城市建设的精神支撑，更是对北京这座城市所承载的历史使命的自觉。“爱国、创新、包容、厚德”组成的北京精神集中揭示和展现了北京的精、气、神，是北京的文化名片，也是北京区别于其他世界城市的显著标志。正如民族精神是一个民族赖以生存和发展的精神支撑一样，城市精神也将为一个城市的建设和发展提供精神支柱和不竭动力。通过培育北京精神，必将更好地发挥精神力量在北京建设世界城市中的导向、凝聚和激励作用，极大地调动和激发全体北京人民的积极性、主动性和创造性。

（3）北京精神培育为建设中国特色世界城市注入精神动力。作为中国的首都，北京建设世界城市不能直接照搬西方世界城市的经验，应该具有中国特色、时代特征和首都特点。北京建设世界城市要始终坚持社会主义方向，在社会主义的框架下向世界展示中国特色社会主义强大的生命力与活力。

北京在向世界城市的跨越式发展中，应努力体现自身鲜明的本土性和民族性特色，即中国特色世界城市，而不是成为其他世界城市的复制和翻版。北京精神的培育是推动首都科学发展的内在要求，是北京在确定中国特色世界城市发展目标过程中的文化自觉与理性抉择，更是对建设中国特色世界城市规律的深刻把握。培育北京精神，是彰显北京城市特色、提升城市软实力的必然要求。弘扬和践行北京精神必须将北京精神内化于心、外践于行，努力提升首都文化软实力，打造中国特色社会主义先进文化之都，为建设中国特色世界城市提供强大的精神动力和智力支持。

培育和践行北京精神能够确保世界城市建设的社会主义性质和方向，坚持马克思主义在意识形态领域的主导地位，坚持不懈地用马克思主义中国化的最新理论成果来武装全市的党员干部和教育广大的市民，能够确保北京最终能够建成有中国特色的世界城市，并使精神文明建设的成果为广大的市民所分享。北京精神培育活动是实现建设中国特色世界城市目标的重要途径，并为北京建设中国特色世界城市奠定了基础。北京精神必将引领北京人民更加自觉主动为北京的科学发展和建设中国特色世界城市提供不竭的精神动力。

对照城市精神，反观城市制度，用系统方法和哲学思维全面深刻地把握城市本质，是推动建设中国特色世界城市的迫切需要。“爱国、创新、包容、厚德”的北京精神应成为首都城市设计的核心理念。爱国是北京精神的核心，凡是与此精神维度相悖的制度理念和设计都是必须摒弃的；创新是北京精神的精髓，这就要求我们在城市制度设计时要鼓励创新、宽容失败、反对守旧；包容是北京精神的特征，也是世界城市的灵魂之所在，这就要求我们在城市制度的设计和改革过程中，紧扣这一精神特征，不歧视排外、不自大骄矜；厚德是北京精神的品质，城市制度的设计和改革都要符合这一精神品质，才能使城市有德有品，厚德载物。“爱国、创新、包容、厚德”的北京精神的培育应成为建设中国特色世界城市的有利契机，用北京精神鼓舞北京市民，不仅是一种道德境界，也是彰显城市性质和功能的文化载体。当前，全国上下和各行各业都在一心一意搞建设谋发展，对北京精神的理论思考和实践探索，必将为建设中国特色世界城市注入强大的精神动力。

北京精神既体现了深厚的历史文化底蕴，凝聚了北京千百年的文化精髓，同时又充分吸收了现代城市文明的进步元素，展现了北京作为一座现代城市所具备的时代特征。我们应通过对当今世界上具有重大影响力的国际大都市的城市精神的横向比较，来进一步梳理北京精神的文化传承和历史底蕴，进一步深化对北京精神的时代意义和当代价值的认识。

三、积极借鉴世界城市精神培育中的经验与做法

世界城市精神培育的成功范例为北京树立了很好的榜样，北京应该积极吸取、借鉴国外世界城市物质文明建设和精神文明建设方面的有益经验

和做法，推进世界城市建设进程，培育北京精神，提升北京这座世界文化名城的精、气、神。

1.代表性世界城市精神培育的范例

（1）纽约城市精神——多元整体之中的个人主义。作为当今第一强国美国最大的金融、商业和文化中心的纽约，是当代代表性的世界城市。纽约的发展历程是美国拓展历史的代表，其城市自身也是美国社会的一个样板，因此被认为是最能体现美国精神的城市。宛如高高矗立在纽约高举火炬的自由女神一样，她是自由的象征，是美国精神的象征，也是纽约城市精神的象征。

纽约是一个典型的个人主义的资本主义现代化城市，这种个人主义深深植根于美国的社会当中，早期美国移民宗教信仰中的个人主义及在拓荒年代里的自治管理方式都强化了美国人的个人主义情怀。对土地的持续开发，移民的不断涌入，人口的不断流动，使美国人既强调个人主义又不得不包容社会的多元化。纽约由于其突出的移民特征带来的多元化则更为鲜明。纽约是最多元化的城市，是多个族裔聚居的城市，拥有来自97个国家和地区的移民。各类人群组成自己的社区，这些社区、邻里、地方和区域是纽约城市里的“城中之国”，构成了纽约人生活的社会共同体。纽约同时还是最具有流动性的城市。维系这一点及各个迥然不同社区的城市文化精神即是多元整体的个人主义的文化。纽约在文化上也拥有着文化中心桂冠，几乎从20世纪20年代开始，纽约就逐渐成为西方世界文化艺术的领头羊。很多前卫的思想、新潮的文学艺术作品都是从这里诞生的。因此，长期以来，纽约是世界知名艺术家、文学家最愿意居住的地方。很多文坛巨人、艺术大师都曾经把纽约当作其事业的舞台，包括马克·吐温、杰克·伦敦等。纽约的文化，最大限度地展现了纽约人同时也是美国人的多样性、自主性、私人性和创新精神，同时也展现着这个城市独特的、生机勃勃的乐观主义和粗糙而自信的整体观。这些五花八门的文化似乎是杂乱无章地汇集在纽约，但却能在纽约和谐地共生。在多元的外观下是其文化精神内核的统一，极好地表现了“纽约特有的文化内涵”，一种极为自信的包容与整体观，构成了纽约独有的文化精神，这是一种我们称为多元整体之中的个人主义。与其敢于创新的精神相应，纽约突出的文化精神之一在于，变不可能的事为可能的事。建造布鲁克林大桥就是一个典型的例子。纽约最有象征意义的大桥——布鲁克林大桥建于1867—1883年，被当地人民称为“世界第八大奇迹”。在此之前，以钢铁来悬吊桥梁完全是不可思议的事，而工程师罗柏林则认为是可行之事，于是经过他们父子的努力，终于建成当时世界上最长、而且是第一次使用钢铁悬索的桥梁。

纽约是各色人种混杂的地方，是最美国化的城市，最能体现美国人的个人英雄主义。早期的纽约人来自世界各地，大多数都是白手起家，他们带来了各种文化，注入了混血儿的活力。纽约有一种对先辈财富地位和来自过去的限制性影响的蔑视的风气；有一种满不在乎的朝气蓬勃的劲头。但是，纽约人也表现出一股盛气凌人的优越感，被人认为是轻情感、重功利，缺少人情味。然而，这并不意味着纽约人没有集体精神，完全是自私自利的个人主义。相反，纽约人虽然是移民中心，各色人种、文化、风俗同时杂陈，纽约人也表现出更加强烈的个人主义和重商重功利的一面，但一再创造奇迹的纽约人无不深深为自己这座世界都市自豪，有着强烈的集体精神，他们生活于其中，浸染于其中，从来都不缺乏对这个城市的忠诚与热爱。

这些来自不同的地方不同国度的纽约人，有着不同的种族，不同的文化，不同的语言风格，在纽约这样一个最具宽容精神的多元化城市里共生共融，怀抱着个人的理想与追求，坚守着自由和平等的个人主义价值观，在这个魔幻般的城市里实现自己的梦想，对这个城市怀着深深的自豪感，在这样一个令人感到奇妙的城市里竞争合作，以永不停止的创新精神不断地将他们自己及这个城市推向新的境界，展现了纽约所具有的多元整体之中的个人主义文化精神。

（2）伦敦城市精神——理性与自由。伦敦不同于纽约，她是世界文化名城，拥有几千年历史，孕育着深沉的文化底蕴，是一个充满历史、文化和思想的大都会，是英国最大的城市，也是工业革命的发源地，见证了英国的兴衰浮沉。

英国的理性思维为英国教育的进步及科学技术的突飞猛进提供了基础，但这经历了一个相当长的过程。从洛克到休谟，英国哲学家们所进行的一系列的理论争论有很大的进展，但缺少社会实践和现实的印证。达尔文的进化论说明物种是生物在自然界生存竞争的结果，否定了物种神创论和物种不变论，使人们对上帝信仰产生了动摇。近代以来，英国人民在实践中已培养出导致民族伟大的许多精神因素——他们从本国的土地、四周的海洋、气候，以及自己民族历史变迁中将这些因素提炼出来。艰苦的生活和严峻的国际环境使英国人养成了勇敢、机智、耐心、目光远大、善于自我克制的美德。斯宾赛在经验主义的基础上，将理性主义推至实证主义的阶段，将实证性的、科学的理性思维放在至高无上的地位。赫胥黎使自然科学和社会科学的理性思维在同一高度上逐渐统一了起来。柏克尔则再一次强调了知识的力量、理性的力量，对社会发展规律进行了深入的思考，所有这些，都为英国人的理性态度作出了理论的解释。总之，到19世纪末期，英国人已经习惯于用理性和科学的方法来看待自然界和人类社会。

从天赋人权，生而自由，到君主立宪制的建立，英国形成了民主化政治。“生而自由”即指人生来就具有权利，只有求得有保障的生存，才把其中的某些权利交给社会。英国人自始至终把“与生俱有”的权利写在民族的光荣旗帜上，被称为英国宪政的基石——《自由大宪章》于1215年承认伦敦自治并保留伦敦原有的自由和风俗习惯。此后，自由，不再是贵族的独占，它成了民族的自由，人民的自由，各阶级的自由，实现了自由从贵族向平民、向全社会的覆盖。

伦敦是世界城市的一个典范。跟其他欧洲首都相比，伦敦的繁荣更加依赖于它所迎来的外来者。过去，大城市的兴衰都依赖资源和贸易，譬如煤矿和铁路线。而现在依赖的是全球性的知识型商人，他们有着可以共享或出售的创意。像纽约和其他一些城市一样，伦敦为这些人提供了合适的环境：相对紧凑的布局、变化融合的各种文化和由移民促进的服务行业。伦敦特有的融合能力与政策几乎没有关系，因为在20世纪80年代和90年代，伦敦在没有任何统一规划的情况下顺利发展。在全球贸易和经济浪潮中，伦敦顺应自然得以发展。如双层巴士和黑色面包车一样，一波波没有规划的移民潮也成了伦敦文化遗产的一部分。人口多元化对于伦敦超动力经济来说既是标志，也是原因。伦敦必须吸引移民刺激经济增长；而移民则需要在繁荣的伦敦找到工作，不论他们是每年挣百万英镑的日本银行家还是那些擦洗地板每小时挣7英镑的波兰艺术史学家。在伦敦生活的人慢慢学会了一种基本的宽容，接受或者说欣赏文化差异。“我想我们与别的城市的不同之处就在于我们喜欢多元化，并为之喝彩”，伦敦经济发展署的托尼·温特波顿说。

在今天的伦敦，你可以看到一幅幅很有意思的文化景象：一边是现代化的摩天大厦，楼内股票交易所的股票交易热火朝天，另一边矗立着几个世纪前的圣保罗大教堂。漫步在街头的一些是头戴礼帽、身着西装、手持雨伞或拐杖的绅士，一旁又是身着奇装异服带有嬉皮士风格的年轻人。传统与现代共同点缀、充斥着这座城市，毫不矛盾，让你自由地呼吸、理性地思考、古老的文化与现代由此完美融合，古老的建筑、古老的精神传承、现代的产业与文化管理无不彰显着宽容、理性和自由。伦敦悠久的历史，自由和理性的传统，全球统一的语言，宽容的环境和心态为伦敦成为可持续发展的世界城市提供了很好的精神动力。

（3）巴黎城市精神——创新和批判。巴黎是法国政治、经济、文化中心和交通枢纽。几个世纪以来，巴黎受到了整个世界的崇拜，不仅是世界历史文化名都，世界著名的浪漫之都，而且是世界著名的时尚之都和艺术之都。在经济全球化、文化多元化的今天，巴黎依然保持和释放着她特有的文化品质和文化魅力，其深厚的历史文化内涵和城市精神文化，正在推动着这座充满魅力的国际大都市不断创新、不断发展。

城市精神是一座城市历史长期积淀的结果，也是内化为其居民思维方式和行为习惯的实践行动和价值体系。这种内在的城市精神附着在城市总体布局、城市硬件设施、城市生活方式等诸多外在直观的文化现象之中。法国巴黎之所以形成创新和批判的城市精神文化，与其民族融合、历史文化沉积、多种文明要素的汇合撞击，以及常年生活在这片土地上的法国巴黎人固有的思维方式和内心情感，都存在着非常密切的联系。巴黎不仅是法国的政治中心和国际经济金融中心，更是法国的文化中心和欧洲文明的汇集地。针对巴黎文化的全球声誉，恩格斯用“无与伦比的巴黎”给予了高度赞誉和概括：“只有法国才有巴黎，在这个城市里，欧洲的文明达到了登峰造极的地步，在这里汇集了整个欧洲历史的神经纤维。每隔一定的时间，从这里发出震动全世界的电击。这个城市的居民与任何地方的人民不同，他们将追求享乐的热情与从事历史行动的热情结合起来了，这里的居民善于像最讲究的雅典享乐主义者那样地生活，也善于像最勇敢的斯巴达克人那样地死去……这个城市就像路易·勃朗所说的那样，它真的是世界的心脏和头脑。”[1]法国特殊的地理位置，造就了其本身就是一个自然风景美丽的国度。

第二次世界大战以来，巴黎的城市化和现代化发展进入快车道，并取得了举世瞩目的成就，成为名副其实的世界城市。但其中一个非常重要的动力，当属巴黎在传统创新精神支撑下的科技创新，正是这种不断创新的城市精神及其成果，让巴黎在当今世界经济、文化现代化发展过程中始终

[1] 中共中央马克思恩格斯列宁斯大林著作编译局.马克思恩格斯全集:第5卷[M].北京:人民出版社,1958:549-571.

保持着自己特有的品牌和魅力。比如在高档服装、香水、工艺品、葡萄酒等领域，“法国制造”成了很多产品身份的象征。巴黎是一个非常重视人才、尊重人才、鼓励创造、保护知识产权的城市。政府也特别注重推广、转化、推动科技创新。面对日益激烈的国际竞争，为吸引科技人才，激励和提高创新意识，加速科研成果转化，法国政府自20世纪末以来，陆续出台了一系列政策法规，努力营造一个有利于创新的科研环境，希望通过科技创新来增强企业的竞争力。

巴黎之所以拥有创新、批判、理性等现代城市精神文化，与其历史发展时期所产生的诸多新社会思潮、文艺思想等紧密相关，这些思想不断在这里涌现，标新立异，离经叛道，极大地改变着市民的精神价值取向和社会心态，特别是资产阶级发动的法国大革命所形成的一些社会理念和精髓思想，时刻引领着世界思潮，为这座城市的思维方式和创新发展积淀了坚定的思想源泉。14—16世纪文艺复兴所形成的资产阶级人文主义思潮，主张一切以“人”为本，反对神的权威。18世纪的法国是一个思想启蒙运动和政治革命斗争交织的时代，以牛顿力学和洛克哲学为基础的新的思维方式在天才横溢的思想家的宣传鼓动下传播到整个知识阶层，从而形成了宗教思想自由和政治激进的新的知识分子群体。而18世纪发生在巴黎的法国大革命更是把当时整个欧洲社会文明向前推进了一大步，在欧洲产生了巨大的影响。

城市发展的国际化和全球化，必然带来人口的国际化和文化的多元化，一座真正的国际化大都市，就应该是一个海纳百川、宽容自由的城市，让不同的人群、不同的思想、不同的文化之间相互交流、相互碰撞、相互融合，这是一个城市永远保持创新活力的主要基础和源泉。巴黎是一个大度包容的城市，既有世界上最大的正剧剧场巴黎歌剧院，又有红磨坊；既有古典主义建筑，又矗立着工业化的大铁塔，后现代的蓬皮杜，甚至卢浮宫门口也立着玻璃金字塔。巴黎哥特式建筑的挺拔雄伟、罗马式建筑的庄重典雅、巴洛克式建筑的豪华灵动、洛可可式建筑的轻快柔美……风格迥异却又融为一体，体现了海纳百川、博采众长的气度。巴黎文脉绵延，与历代政府注重文化建设和居民高度的文化自觉紧密相关。政府坚决“依法保护”历史文化遗产，并采取“低价策略”来弘扬民族文化，充分发挥人文景观的教育功能和社会效益，以便让所有的市民大众都拥有受教育和受熏陶的机会，提升了大众的文化素质和文化自觉。

巴黎是当今世界公认的创新城市、自由城市、历史城市和艺术城市，与其独特而有效的城市精神具有直接关系。但需要指出的是，在拥有独特而积极的城市精神的同时，巴黎在有些方面也同样存在保守和封闭的迹象，这使它有时再次成为全球关注的焦点。因此，对巴黎城市精神对世界城市建设的意义，应该客观地看待和正确地吸收，不能照抄照搬。在世界城市发展过程中，特别是城市精神的培育中，能否拥有良好的氛围、创新型市民、创新实践行动、创新型政策措施等组成的创新文化体系，能否切实提升不同领域和不同行业的创新力，以都市自身特有的优势和特色不断引领世界先进潮流，是当今经济和信息网络时代背景下，一个世界城市长久保持国际竞争力的先决条件。创新是巴黎城市精神的内核，也正是因为巴黎所拥有的创新精神和创新实践活动，使其在文学艺术、城市规划建设、时尚产业等方面，不断地推陈出新，为其发展源源不断地注入生命活力。在文化艺术方面，多元化和自由宽容创造了巴黎文化的先进性和独特性。当然，不论是文化艺术发展、还是社会经济发展方面，一个世界城市都应该遵循开放、多元、宽容、平衡的发展理念，并采取与先进发展理念相对应的政策方针。值得注意的是，一座世界城市要想保持独特的魅力和经久不衰的竞争力，一定要拥有自己的历史文化底蕴，城市建设和发展要体现明显的历史人文脉络，不断塑造自己独特、内在的城市文化性格，而非不切实际、不加批判的模范和效仿，最终导致城市性格和城市精神的缺失。

2.世界城市建设为北京精神培育带来机遇和挑战

（1）世界城市建设为北京精神培育带来的机遇。

第一，世界城市建设为北京精神培育提供了更为广阔的发展空间。建设世界城市为首都北京的发展增添了强大动力，也为首都精神文明建设构建了新舞台。作为首都的北京，城市经济快速发展，基础设施建设不断完善，产业结构持续优化调整。世界城市的发展定位和城市空间布局，需要北京在历史传统、文化底蕴、市民文明素质、生态环境、城市标志等方面加大建设力度，需要完善提升市民素质和城市文明程度的目标体系和考评机制。这些方面都与精神文明建设息息相关，都为北京精神培育提供了新的发展契机。

第二，加快转变经济发展方式，迫切要求我们进一步发挥精神文化的重要支撑作用。国际金融危机对我国经济的冲击，表面上是对经济增长速度的冲击，实质上是对经济发展方式的冲击。我国很多城市发展方式是建立在巨大的资本投入、庞大的劳动力供应、出口导向、经济增长优先的战略基础上的，其代价是能源消耗过大、环境恶化、社会建设滞后等。精神文明建设中精神文化产业是转变经济发展方式的新亮点和重要抓手。从世界城市的发展情况来看，精神文化在优化经济结构上发挥着重要作用。2009年，纽约、伦敦和东京等世界城市精神文化产业增加值占GDP的比重已超过40%，尽管北京精神文化产业增加值居中国首位，但也只有10%左右，远低于世界城市水平。这就迫切需要我们充分发挥精神文化产业的优势，将其打造为新的经济增长点和重要支柱产业，大力推动经济发展方式转变。

第三，世界城市建设为首都精神文明建设借鉴国外先进城市文明发展理念提供了契机。北京发展城市文化，开展精神文明建设工作，离不开对世界优秀文明成果的吸收，离不开对其他国际城市在丰富市民精神文化生活方面的经验借鉴。世界是丰富多彩的。世界上各个国家、各个民族、各大都市在各个历史时期，都为人类文明的发展做出过贡献。他山之石，可以攻玉。世界城市的提出，将会推动未来的北京更多地参与到全球化发展的大潮之中，北京与其他国际城市文化交流机会空前增多，与世界先进文明的对话、交流渠道将会更加畅通，这为首都精神文明工作研究和借鉴世界城市的文明成果，吸收其在文明建设发展方面的先进理念，提供了更多的机会。

第四，北京精神文明建设进入最佳时期。文化的大发展大繁荣迫切要求加快首都精神文明建设工作，更好地满足人民群众的精神文化需求。随着北京经济社会的发展和物质生活水平的提高，群众精神文化需求迅速增长。2017年，北京人均GDP已达1.91万美元，精神文化消费大幅提高。但北京目前的精神文明建设工作无论在内容上还是形式上都不能充分满足市民的精神文化需求。这种迫切需求要求我们进一步推进精神文明建设工作，切实保障人民群众的基本书化权益，满足不同群体的精神文化需求。

（2）北京精神文明建设面临的挑战。虽然近年来北京在精神文明建设方面取得了巨大成绩，但如果瞄准建设世界城市的高端形态目标，从世界城市的文明评价指标体系来审视北京的精神文明建设，来评价北京市民的文明素质，依然有很多地方需要进一步提高和完善。

第一，世界城市建设增强了首都精神文明建设工作的紧迫感、责任感、使命感。[1]提升市民思想道德素质始终是精神文明建设工作的宗旨和目标。世界城市建设背景下，北京融入世界的步伐将进一步加快，北京与世界其他城市的思想文化交流、交融、交锋将更加频繁，广大市民思想活动的独立性、选择性、多变性、差异性将日益增强，这些新变化使首都精神文明建设工作需要进一步解放思想，更新观念，转变思维方式，改进工作方法，跟上世界城市建设的发展步伐。精神文明建设工作的创新发展体

---

❶ 金元浦.走向世界城市——北京建设世界城市发展战略研究报告[M].北京：科学技术出版社，2010：390.

系、目标任务体系、责任分解体系、组织运行体系、监督反馈体系等都需要适应新形势，进行相应调整。

第二，世界城市建设要求首都拥有更高的市民素质，使人们从心理、态度和行为上，都能与各种现代形式的经济发展同步前进，相互配合。当前，北京城市居民中仍然存在着一些常见的不文明状况，如不爱护公共卫生、不遵守交通秩序等。

第三，北京世界城市战略的确立和实践，对首都精神文明建设提出了新的更高要求，首都精神文明建设必须大力提高软环境建设，增强文明发展竞争力，形成群众参与创建的“文明自觉”。

北京建设世界城市，不仅要全面规划、整体布局、重点建设，形成一流的文化环境、文化设施、一流的艺术人才，而且要从世界城市不同区域的实际出发，形成丰富多彩的“文化圈”。北京建设世界城市，要重视世界城市的文化形态，要使城市的物质文明、政治文明、精神文明、生态文明协调发展。北京建设世界城市的过程也是不断追求科学文化与人文文化相统一的过程，在这个实践中才能更好地展现出作为世界城市的风采、素质和灵魂。因此，我们要抓住机遇，开拓创新，在以习近平同志为核心的党中央提出的“四个全面”战略布局的指导下，制定长远发展战略，实现传统与现代的融合、自然与人文的融合、社会与精神的融合、技术与经济的融合、中国与世界的融合、现实与发展的融合，切实加快推进首都北京的世界城市建设进程。

第六章　思想政治教育视野下北京精神培育的路径

第一节　将北京精神有效融入学校的思想政治教育之中

一、学校教育是推进北京精神培育的主渠道

学校是北京精神培育的重要阵地，家庭是北京精神培育的起点，社会则是北京精神培育的大课堂。学校作为青少年道德养成的主要渠道，肩负着培育德、智、体、美、劳全面发展新一代的重要任务。正如《公民道德建设实施纲要》第20条明确指出：“学校是进行系统道德教育的重要阵地。……要发挥教师为人师表的作用，把道德教育渗透到学校教育的各个环节。”道德教育是学校教育的重要内容之一，在各级各类学校中，不仅开设了专门的思想品德课或思想政治理论课，而且在专业课程的教育中也注意渗透品德教育，培养学生的优良道德品质。从学校教育来看，北京精神培育融入学校教育的全过程，就是要在学前教育和小学、中学、高等教育的各阶段，在职业技术教育和特殊教育多种形式之中，均要体现北京精神要义和基本内容，将北京精神的基本内容渗透到教材编写、课堂设计、主题团日活动和校园文化建设中去。学校的受教育者是正在成长的青少年学生，因其年龄和心理特点，更易于受外在环境的影响。青少年的世界观、道德观和人生观还没有完全形成，心灵好像一张白纸，抹黑则黑，涂红则

红。这个时期所受到的教育，所学会的思想和方法对他们今后的成长乃至一生都极为重要。小学阶段是人的道德思想启蒙、知识启蒙和身体成长的初始阶段，中学特别是高中阶段是青少年个性基本形成和发展的重要时期，是世界观、人生观、价值观和道德观形成的重要阶段，他们可塑性、模仿性比较强，特别需要正确的教育和引导。

当然，学校教育面临着很多新情况和新问题。一方面，社会转型时期价值观念多元、多变；另一方面，现在的青少年学生大多是独生子女，不仅具有一般青少年心理发展不平衡和不稳定的特点，而且还具有独生子女在社会转型期独有的复杂身心特点，从而对学校的道德教育提出了新的挑战。而这些青少年学生正是北京精神的传承者和践行者。北京精神培育具有明确的思想导向性、高度的思想凝聚性和强烈的精神激励性，能促使校园文化向更高的人文精神迈进。学校可以以课堂教学渗透北京精神培育，以主题活动助推北京精神培育，以先进典型引领北京精神培育，引导青少年学生主动参与北京精神培育活动，加深青少年学生对北京精神的理解，促使青少年学生全面、健康成长。

二、首都高校在弘扬北京精神中的重要作用

北京拥有丰富的教育资源，是全国高校的中心，每年有大批的来自全国各地的学生选择报考首都高校攻读学习。首都高校之所以成为弘扬北京精神的重要载体是由高校自身的实力、功能与地位决定的。这些高校具有“人才培养”“科学研究”“社会服务”“文化传承”四大功能，其中“文化传承”的功能正说明了高校在传承精神文化或价值观念等方面具有积极的作用。首都高校荟萃了一大批在各个领域都具有权威的骨干力量和学术带头人，这些知识分子正是北京精神的弘扬者和践行者，对北京精神能很好地传承发展，起到示范和引导的作用。高校可以发挥自身优势，通过人才

培养将北京精神融入高校大学生思想政治教育活动的全过程。北京精神的践行离不开首都高校，更离不开高校大学生思想政治教育，而首都高校思想政治教育活动本身可以促进北京精神培育，促进高校大学生对北京精神的认同与继承。

北京精神丰富的文化内涵和精神财富，是首都高校思想政治教育理论的重要内容之一，也是首都高校思想政治理论教育的重要载体。首都高校思想政治理论课程教学是提高大学生思想政治素质的主要途径之一，首都高校思想政治理论课程教学目的是通过宣传社会主义核心价值体系和社会主义核心价值观，弘扬改革开放的时代精神和爱国主义的民族精神，帮助大学生树立科学的世界观、人生观、价值观。“爱国”“创新”“包容”“厚德”理念与首都高校思想政治理论课程教学在目标指向上具有高度的一致性。爱国主义教育是首都高校思想政治理论课程教学的重要内容之一，将北京精神引入首都高校思想政治理论课程教学中，必将使学生更为深刻地感受爱国主义情怀、可持续发展的理念，更深刻地理解中国特色社会主义理论所提倡的“和谐社会”的意义和价值，认识改革开放之所以能够取得巨大成就，关键在于我们坚持了“实事求是”“一切为了人民”的改革建设理念。在“爱国”方面，首都高校应以为国争光的精神来大力推动具有国际性视野人才的培养、赶超世界一流水平的科学研究、国际交流等方面的工作。在“创新”方面，首都高校既应切实发挥自身在科学技术研发方面的优势，承担科技和文化创新的重要任务，又应努力做好在校大学生的创新教育工作，着力提升他们的创新能力和水平。从教学的实际情况来看，高校大学生的创新教育实际上包括两个方面，一是通识教育中的创新教育，二是专业课程方面的创新教育。两者应当很好地结合，但各自的侧重点应当有所不同。通识教育所侧重的是基本的创新理论、创新的技能与技巧，虽然其中也有相应的创新实验操作；而专业课程所侧重的则是创新的实际训练和操作，即大学生将在通识教育中所学到的创新理论和技法用到实际的创新实践中去。在“包容”方面，首都高校应当着力促使教职工和学生在工作与学习中形成相互谦让、相互学习、共同进步的良好氛围。实际上，这就意味着在教职工群体和学生群体内部形成包容、差异化存在的良好局面，从而有助于这两大群体分别在工作和学习中的创造性得到最大限度的发挥。在“厚德”方面，首都高校既要采取有效措施来提升全体教职工的职业道德、家庭美德、社会公德、个人品德等方面的水准，也要努力通过思想政治理论课的教学和社会实践活动来加强在校大学生的思想道德教育，从而营造出高校内师生员工积极践行社会主义道德的良好氛围。

将北京精神的主题纳入首都高校思想政治理论课程教学内容和课程实践教学环节之中，实现两者有机结合，将极大提高首都高校思想政治理论课程教学效果。首先，首都高校思想政治理论课程目前主要有《毛泽东思想与中国特色社会主义理论体系概论》《思想道德修养与法律基础》《马克思主义基本原理概论》等，可以结合这几门课程的教学内容，将北京精神理念分解为不同的侧面，有针对性地将北京精神内容纳入不同的课程之中。如将北京精神的创新理念纳入《毛泽东思想与中国特色社会主义理论体系概论》课程教学之中，结合和谐社会建设等章节的讲授，组织学生开展科学讨论，在典型案例和切身体验的基础上提升课程教学内容的丰富性和生动性，增强教育的针对性和有效性；将北京精神的厚德理念纳入《思想道德修养与法律基础》课程教学之中，围绕北京精神要求，系统开展文明礼貌教育，开展“学礼、知礼、行礼”教学活动，将道德教育实践上升到理性自觉。其次，北京精神为推进首都高校思想政治理论教育课程实践环节的改革提供了重要契机。首都高校思想政治理论课程教学中，生师比例过大，课程教学普遍实行“大班制”的授课模式，任课教师要同时面对数百名学生，无法兼顾所有学生的实践需求，组织集体性实践活动的难度也随之加大。而且在以往首都高校思想政治理论课程教学理念之中，实践教学环节通常被视为课堂教学的某种辅助手段，实践活动安排的随意性大，实践目标模糊。以往思想政治理论课程实践教学通常都是由任课教师安排，以教学班级为单位，这种教师主导型的实践教学模式，常常忽略学生主体作用的发挥，很难激发学生自主实践的愿望。在此情况下，北京精神培育活动有助于解决高校思想政治理论课程组织大规模实践教学的难题，按照高校思想政治理论课程不同的教学内容和实践教学要求，将北京精神培育活动纳入不同课程之中。如《毛泽东思想与中国特色社会主义理论体系概论》课程可围绕北京精神培育主题，组织学生开展“北京精神对北京城市发展推动效应”的社会调查活动，使学生了解北京精神对北京发展影响，树立走中国特色社会主义道路的信念；《马克思主义基本原理概论》课程可围绕北京精神培育主题，组织学生开展“北京精神的文化效应”社会调研活动，使学生了解吸收中华优秀文化成果对我国社会主义精神文明建设的重要意义，既凸显北京精神的魅力，又彰显马克思主义理论及社会核心价值体系的感召力。北京精神培育活动是以全新的方式动员学生开展课程实践活动，学生选择参加北京精神培育活动是自觉行为，可以结合课程实践教学与北京精神培育活动的要求自主选择活动内容，以激发学生在教学活动过程的主体作用。总之，将北京精神培育活动纳入首都高校思想政治理论课程教学之中，赋予了思想政治理论课程教学鲜明的时代性，发挥了学生主体性，为解决首都高校思想政治理论课程教学长期存在的理论教学与实践环节结合不紧密问题提供了改革经验，也有利于北京精神的培育和弘扬。

三、在学校思想政治教育中加强北京精神培育

北京精神是青少年学生思想政治教育的重要内容，加强北京精神培育，能够让青少年学生在践行北京精神的过程中，坚定理想信念、锤炼意

志品质，有效促进青少年思想政治教育的发展。在青少年学生弘扬北京精神实践中遵循学校思想政治教育的内化规律，探索北京精神培育的实践路径，是开创新时期学校思想政治教育新局面的重要环节。思想政治教育的过程是教育者根据一定社会的思想政治要求和受教育者思想政治素质形成发展的规律，对受教育者施加有目的、有计划、有组织的教育影响，促使受教育者产生内在的思想矛盾运动，以形成一定社会所期望的思想政治素质的过程。这一过程的实质就是把一定社会的思想观念、价值观念、道德规范转化为受教育者个体的思想政治素质。[1]在青少年学生教育实践中遵循和运用思想政治教育内化的规律，对于解决受教育者的“信”和“行”至关重要。

在学校思想政治教育中加强北京精神培育，必须遵循思想政治教育的过程及人的道德内化一般规律，采用以下几种方法从小处、从细处扎实做起力求取得较好的教育效果。其一，情与理结合。理与情不可分割，理中有情，情中有理，两者相互作用，是辩证统一的。所谓“动之以情，晓之以理”正是这个道理。以自己的感情来打动人，以相通的道理去说服人。“情”可以打动人，“理”可以说服人。以情动人是手段，以理服人是目的，重要的是教育人。在学校教育中弘扬北京精神，可以采取情理交融的方式。教育者和受教育者之间形成一种真诚的情感，教师对学生进行疏导说服会取得较好的教育效果。其二，表扬与批评结合。表扬与批评是教育过程中最常见的一对教育方式，主要起激励和强化的作用。思想政治教育过程中，表扬是必需的，而批评也是必不可少的。表扬好的，批评差的，才能产生好的教育效果。在具体实践中，还需要把握表扬和批评的正确方式。表扬要及时，要当众进行；批评要适时，更宜于个别谈话，这样才能起到更好的效果。其三，言传与身教结合。“言传身教”是教育者在思想和行动上给受教育者做出表率，是教育者传递教育信息和受教育者接受其

---

[1] 张耀灿，等．现代思想政治教育学[M].北京：人民出版社，2006：324.

信息的过程。在思想政治教育实践中，教育者可以用自己的一举一动去感染受教者，率先垂范。

在学校思想政治教育中加强北京精神培育，必须注重青少年学生的主体性和北京精神培育的生活性和发展性。首先，“主体”是认识论意义上的主体，不仅是从事认识和实践活动的现实的人，而且是相对于认识的客体而言的。针对传统思想政治教育“灌输”方法而言，在学校思想政治教育中可以突出青少年学生的主体性。其实，灌输理论虽然包含从外面灌输进去的思想方法，但并不等于从外面强硬注入的呆板式的灌输教育。它的内核，主要是说服教育、启发引导，而不是强制注入。灌输教育所取得的成效如何，最终还是取决于个体本身是否能够接受及接受的程度如何。青少年学生绝对不是被动接受的“填鸭”，提升和尊重青少年学生的主体地位，发挥青少年学生的主体性，才能取得良好的教育效果。在学校的思想政治教育活动过程中，教育者与受教育者的关系应体现为双向互动交往型关系，即“参谋—伙伴”的关系。教育者应成为青少年学习的引导者，解答青少年的疑惑，在与青少年之间不断发生的互动、对话、交流中促使他们在更高层次上的实现自我建构，让青少年能直面复杂的现实，选择信奉的道德标准。在实践中突出青少年学生的主体性也要求教育者充分认识青少年学生的个体价值，把握青少年学生个性张扬的尺度。其次，坚持北京精神培育的生活性和发展性。北京精神培育的生活性是指践行北京精神要在青少年学生的日常生活中进行，不仅要求践行北京精神的内容要取材于生活，而且要求在实践中进行思想政治教育。学校教育的很大一部分都要通过课堂教学形式来进行，可以紧密联系生活实际进行课堂教学。在课堂教学中，教师可以通过课堂讨论等方法对身边发生的事情做出价值判断。在生活中选取富有生活气息又为青少年学生生活经验所熟悉，易于吸引青少年学生的关注度并激发其活跃的思维的事情进行探讨，从而帮助青少年培养其向上的道德人格。同时，积极建设良好的校园生活环境，良好的校园生活氛围必将影响青少年学生的人生之路。好的学校生活将有助于引导青少年对生活世界和意义的理解。坚持北京精神培育的发展性，就是用发展而非静止的观点看待北京精神并采取必要行动提高北京精神培育的成效。在思想政治教育中，被教育者不仅是客体，而且更应该是主体，能进行自我教育。青少年学生作为主体本身就是自由的，单靠传统的灌输教育来给予青少年以细致的引导明显已经力不从心。青少年自身的自我创造、自我超越和自我实现非常重要。应让青少年在掌握基本道德原则的基础上，面对北京精神培育的情况做出正确的判断和选择。应充分发挥学校教育、家庭教育和社会教育在推进北京精神培育中的作用，确保北京精神培育的连续性、统一性和连贯性。为此，教师、家长和社会成员应当密切合作，形成合力，为北京精神培育贡献积极力量，从而加速北京精神培育的进程。

第二节　将北京精神有效融入家庭的思想政治教育之中

一、家庭教育是培育北京精神的基础

家庭作为个体接受德化教育的第一所学校，是个人社会化道路的第一个驿站，是个体成长的摇篮，担负着教育下一代的责任，家风潜移默化地影响着少年儿童的健康成长，对个人将来的社会道德发展有着举足轻重的作用。由于家庭的血缘、经济等关系，家庭教育尤其是在青少年的小学阶段，一般都有很大的亲和力和权威性。家长与子女之间，感情深厚、彼此了解，家长是子女的第一任老师。家长的举止言行、价值观念和道德修养对子女的道德观念和品质的形成有着非常重要的影响，在青少年日后成长

和学习中也往往以此为基础并作为判断的参照物。所以，要在家庭生活中形成良好家风，通过各个家庭成员的言谈举止循循善诱，谆谆教导。在北京精神培育中，家庭教育是基础，家庭美德建设水平对于北京精神培育和发展具有重要的意义。即便阶级社会的统治阶级也将家庭道德作为他们治国安邦的重要精神力量，他们力图通过“正己”“修身”“齐家”而达到“治国平天下”的目的。治国先治家，家不治无以治国。建立起一个幸福、和睦和文明的家庭，增强家庭伦理观念，提高道德水平和觉悟是建立美满家庭极为重要的力量源泉。一般而言，一个具有良好家庭道德的人，在社会公共生活中也会是一个遵守社会公德的好公民，也会比较容易培养起良好的职业道德。因此，家庭教育是基础，它促进或制约着社会公德和职业道德的形成与发展。抓好家庭教育是培育北京精神的基础，也是北京精神培育的长远之举。

二、在家庭教育中贯彻北京精神

近年来，我国家庭美德建设面临一些挑战。一是市场经济的负效应引发了家庭道德一定程度上的滑坡。二是家庭道德教育存在误区，一些家庭道德教育方法落后，家长缺少与子女的有效沟通，把教育孩子的任务完全寄希望于学校，仅仅在经济上支持孩子，这样会让孩子觉得缺乏父母的关爱，对孩子的健康成长没有帮助。三是传统孝道面临挑战。子女对老人赡养重物质轻精神。四是邻里关系渐趋冷漠，有的甚至“鸡犬之声相闻，老死不相往来”。

面对当前这些家庭生活领域内出现的道德问题，我们需要在家庭教育中贯彻北京精神，用北京精神推动家庭美德建设。

首次，弘扬传统美德，吸收北京精神的道德内蕴。中华民族历来注重传统美德，重视家庭教育，重视家庭道德的培养和建设。家庭的养育功能不仅使后代延续祖先的血脉，更是延续一种文化的生命，培养合格的社会成员。因此，父母之爱的实质在于“育”，子孝的最高境界则是成家继志，把父母所遗留的事业发扬光大。在当代社会，父教子孝的理念与儒家的理念一脉相承，但更富于时代的特征。父教的根本在于“育才”，培养子女适应社会发展的技能。同时，要赋予其符合时代的新内容，旗帜鲜明地倡导与北京精神相适应的观念和准则。

其次，必须在家庭教育方法上下功夫。家庭美德规范只是书面上的条文，要把它转化为每一个家庭成员的准则，还需要大力的宣传和教育。同时，应引导家庭成员正确处理相互之间的关系，和睦相处，用正确的思想和方法教育子女。当前，特别要从提高家庭成员的思想道德素质这个目标出发，帮助家庭成员树立正确的价值观念，启发引导家庭成员由正确处理家庭内部关系逐步达到正确处理个人、家庭与社会的关系；正确处理个人与集体、国家的关系，使每个家庭不仅关注物质生活水平的不断提高，也注重追求文明高尚的精神生活，不断提高家庭生活质量。可以坚持经常性的家庭美德教育，一是举行家庭美德演讲或演讲比赛，让家庭成员谈自己对家庭美德的认识，从而达到教育的目的；二是举办有关宣传家庭美德的图片文字展览，把遵守家庭美德规范的典型模范事迹展示给大家，从而提高对家庭美德规范的重要性的认识，自觉遵守家庭美德规范；三是开展家庭美德知识竞赛，普及家庭美德的基本知识，在全社会掀起一个学习家庭美德规范的热潮；四是树立遵守家庭美德规范的典型，广泛介绍模范行为者的事迹，使大家有学习的榜样；五是通过广播、电视、报刊等形式灵活多样地宣传家庭美德规范要求，从各个方面教育引导人们树立良好的家庭美德观念。

最后，善于将北京精神的精粹融会贯通，将家庭美德建设与生态环保、树文明新风、创建学习型社区及构建文明、健康的生活方式等结合起来，寻求婚姻家庭生活中新的道德生长点。随着时代的发展，家庭美德建设范围也要求创新地向外部社会生活扩展和延伸。比如，我们要注意对不同结构家庭的文化表现、网络时代家庭人际关系及家庭教育面临的新问题进行探讨，特别要注意研究人们对家庭环境保护、家庭保健、心理调适、精神追求和文化生活的迫切需求。只有这样做，才能更进一步地提高家庭成员的道德素质，提高家庭生活质量，进而提高整个社会的文明程度。形势的发展也要求我们在工作载体和工作形式上不断创新，寻求新途径和新方法。唯有如此，我们才能大幅度地提高家庭美德建设的群众参与程度。

三、在传承家庭文化中弘扬北京精神

家庭文化是家庭对认定了的教育理念的选择，是对信仰的人文精神的传播，是对赞成的政治观点的弘扬等方面的精神活动，体现着社会文明程度的演进。家庭文化的作用在于对家庭成员尤其是下一代在精神信仰、个人品行、社会公德、人性美德方面的熏陶，看似好像是“虚”的、摸不着看不见的东西，其实正是这些成为家庭成员社会理念和情感支撑的精神力量，成为其日后工作、生活中爱国、创新、包容、厚德等人性必备品质的基础。家庭文化的重要目的之一，是培育好下一代人。家庭的育人取向，不但要形成做人做事的标准，更要按照社会的角色形成目标的追求，即形成个人奋斗的目标和兴趣。无论是孟母三迁还是裴家的宰相村，都是家庭文化理念、育人取向的前瞻性孕育的精神所致。

家庭作为社会的重要细胞，是北京精神的重要载体之一。作为社会主义精神文明建设的基础工程，家庭文化对于推动北京精神培育具有十分重要的作用。在传承家庭文化中弘扬北京精神可以提高人的精神境界，学会以爱国关注社会，以创新产生思辨，用包容理解社会，用厚德输送思想，将子女引向更加广阔丰富的“化人”所表达的文明修为、文化天下的胸襟与气势，在精神信仰境界上形成人性的善，构成新的人性美德和生命质量的高度。家庭在实践“北京精神”理念的同时，是全家人“德行”的自觉行动，也是从思想根源上践行北京精神、打造有灵魂下一代的文化实践，为当代家庭文化的构建提供新的创新模式。在传承家庭文化中弘扬北京精神可以提高公民的思想道德素质，家庭文化的主导思想和主体意识都包含着对家庭成员思想道德素质的培养和提高。对于成年人而言，良好的家庭文化氛围也是一种监督机制，客观上要求家长们提高自身素质，坚持以身作则，这对成年人的观念与行为会起到约束作用。在家庭文化传承中开展北京精神培育活动，将北京精神以喜闻乐见的形式渗透到家庭生活的各方面，必将进一步提高家庭成员整体的思想道德素质，推动我国社会主义精神文明建设与文化大发展大繁荣。将北京精神融入家庭的思想政治教育之中，必须弘扬积极的、抑制消极的，提高家庭成员的政治思想素质，使家庭成为社会稳定的细胞。在这一精神指引下，北京市各区县可以选择“五好家庭”作为北京精神培育的主要抓手，打造中国社会主义特色的家庭，开展“百万家庭爱国行”“百万家庭低碳行”“邻里一家亲”等行动，拓展家庭文化的社会化功能，努力构筑文明和谐家园。

第三节　将北京精神有效融入社区的思想政治教育之中

一、社区教育是进行北京精神培育的有效环境

1. 从社区文明生活方式着手培养市民公共文明素质

当前，北京已经进入全面推进世界城市建设的新阶段。为了适应新形势、新任务，北京必须在提升城市文明进度的同时，着力提升市民的文明素质，并使这两个提升紧密结合，形成良性互动。公共文明是城市整体进步的重要体现，它反映城市的整体文明与和谐程度。公共文明问题的原因

有很多方面，其中一个重要根源在于市民文明素质和行为习惯不到位。从市民职业生活、社会公共生活和家庭生活三大领域来看，对市民生活方式影响最大的不是职业单位，也不是公共场所，而是市民在社区的日常生活。单位和公共场所对市民的生活方式及行为习惯虽然都有一定的影响，但单位对人的影响主要是在职业工作方面，而在公共场所，市民的身份、角色及公共生活多是临时或随机的。显然，对市民心理习惯和行为方式影响最大的是社区中的日常生活。社区不仅是市民生活、栖息的主要场所，也是现代社会管理和运作的基本点，还是居民文明行为习惯和文明生活方式养成的基地和摇篮。社区是培育市民文明生活方式最基础、最重要的场所，市民的衣食住行、喜怒哀乐、生活方式都与社区息息相关，社区的文明程度及其管理水平，在很大程度上决定着市民的文明水平和行为方式。因此，应从社区着手，通过有效的社区管理和文明生活方式的引导和建设，使居民在日常生活中不知不觉改变、远离不文明习惯，这应当是我们目前培育北京精神的一种新思路。

培育文明生活方式是市民践行北京精神的重要方面。文明生活方式，不仅是个人文明素质的培育母体，也是市民公德素质、职业素质的基础。因为市民在公共场所、职业生活中的行为表现，往往就是他们日常生活方式的折射和反映。在相关调研报告中，社会公德领域常被认为是不文明现象的“重灾区”，市民在公共场合表现的不文明行为和他们在日常生活中已经形成的不文明习惯密切相关。我们要想在社会公共场合践行北京精神，除了抓公共场合的管理之外，还必须直接深入到社区建设和管理中，从培育居民文明生活方式和生活习惯抓起。只有使市民养成文明的生活方式，才能从根本上提高他们的文明素质。加强社区文明生活方式管理是强化居民文明素质的基本途径。从德育规律看，人的文明素质及行为习惯，是通过“知”“情”“意”三个环节完成的。文明之“知”教育相对容易，而解决“情”“意”的实践养成则需要下足功夫。社区必须承担起塑造居民文明生活方式的重任。社区管理可以从制度建设、环境建设及管理规划等方面入手，直接或间接地改造居民的不文明生活方式，如不讲卫生、乱堆放杂物、不遵守社区规则、与邻里不能友好相处、缺乏公共意识等，营造一个管理有序、和谐温馨、健康文明的公共生活家园，使社区居民切身体会文明生活方式带来的生活质量的提高，适应城市社区公共生活的方式，从而在社区日常生活中践行北京精神。

培育世界城市的高素质、高品格、高境界的文明市民就要践行北京精神，按照建设社会主义核心价值体系的基本内容和要求，坚持人文北京、科技北京、绿色北京建设的紧密结合和良性互动，坚持学习型城市、创新型城市、和谐社会首善之区建设的紧密结合和良性互动。城市是由不同的社区组成的，因此需要在社区文明生活方式的管理和规导方面下功夫。在培育北京精神进程中，着力提升和彰显公共文明，一方面有助于促进个人道德完善，弘扬文明道德风尚，一方面有助于公众利益、公共秩序，推进社会公共文明水平的提高。

2. 提高北京社区市民文明素质方面的建议

社区教育是进行北京精神培育的环境条件。目前，社区管理在营造和规导社区居民文明生活方式方面存在着一些问题。一是在管理理念上，许多社区还停留在为居民提供物质居住空间的层次上，没有承担起社区应有的多方面社会功能。表现在社区建设上，重楼房建造、设施配备及商业性管理和服务等硬件方面建设，对文明生活方式规导、公共生活秩序管理方面，作为不够。二是在管理队伍方面，一些社区缺乏一支高素质、有责任、能作为的管理者。许多社区管理队伍不能适应世界城市建设中加强管理、培育社区居民文明素质的需要。如有的是机构编制及人员配置不到位，队伍结构不合理，一些管理者是离退休人员，文化程度和综合素质离世界城市发展中社区管理的要求有较大差距。三是一些社区管理制度不完善，存在社区管理者面对不文明行为“无法可依”的局面，社区制度建设相对滞后。尤其是有关社区公共生活管理和居民文明生活方式管理的规章制度未能及时建立和健全，因为“无法可依”，只好不了了之。比如，对于乱占公共用地、在楼道乱堆乱放的行为，有些社区管理者由于找不到管理制度依据而只好听之任之。四是许多社区管理制度落实不到位，出现空场。如《北京市禁止随地吐痰、随地丢弃废弃物管理规定》中提到：对随地吐痰者罚款50元。但在实际管理中很难真正执行。有章不循状况会促使居民养成规则意识淡漠的心态，对城市公共文明产生消极影响。

要切实加强社区管理，发挥社区提高市民文明素质方面的功能。一要进一步树立社区文明生活方式引导的管理理念。社区是培育城市居民文明素质的有效空间，社区管理理念中必须纳入明确的规导文明生活方式和社区公共生活秩序的管理目的。二要建设高素质、有责任、能作为的管理者队伍。社区的管理水平归根到底取决于社区管理队伍素质和工作主动性程度。抓社区管理，首先要注重抓管理者队伍，从而为提高社区管理水平和居民文明素质奠定组织基础。三要建立、健全社区管理制度，使社区管理各个环节都“有法可依”。好的管理制度可以让文明居民得到益处，让不文明居民付出代价。当前，最重要的是针对社区出现的各种新情况、新问题，抓紧建立健全与社区管理和提高社区居民文明素质相关的各种规则、制度，把引导社区居民文明生活方式的目标用制度形式固定下来，使社区管理的各个环节尤其是文明生活方式引导管理真正落到实处。四是抓实、抓细社区管理，把社区各项规章制度尤其是文明生活方式规导落实到日常管理之中，在社区日常管理中规范居民行为，使居民养成文明习惯和公共生活方式。应当进一步完善社区评估体系，发挥评估指标对居民文明生活方式尤其是公共文明生活的导向作用。评价标准尤其要突出重点，把居民文明生活方式及公共生活规则习惯作为评价文明社区的重要指标加以设立。

二、充分发挥共产党员在北京精神培育中的作用

共产党员，是一个神圣而光荣的称号。马克思、恩格斯早在《共产党宣言》中就指出，共产党人“没有任何同整个无产阶级的利益不同的利益”，“在实践方面，共产党人是各国工人政党中最坚决的、始终起推动作用的部分”。[1]列宁也明确指出：“党是阶级的先进觉悟阶层，是阶级的先锋队。”我们党是在与人民群众密切联系中诞生、发展、壮大、成熟起来的。为什么许多老一辈无产阶级革命家会受到广大人民群众的拥护，对人民群众产生巨大的感召力和影响力，教育和影响着一代又一代人，就在于他们有着人所共仰的道德风范，能够把自己融入人民群众中去为革命事业奋斗不息。且为社会成员所熟悉和关注的有效载体，党员干部应积极投身于北京精神培育，大力传播北京精神，为北京精神的普及化和通俗化贡献力量。应通过广大党员特别是各级领导干部的身体力行，让北京精神在全市人民心里落地生根，成为引导全市人民精神风貌的坐标。当然，伴随着经济全球化和科学技术的迅猛发展，在社会体制转轨和价值观念多元化的态势下，缺乏有效的党员干部监督机制所产生的道德负面影响仍然存在，因此，如何加强新时期党员道德建设，是发挥共产党员在北京精神培育中的有力保障。

第一，加强修养教育，树立道德表率。当前，党员干部要真正在道德行为上做出表率从而推动公民道德建设，就应该加强党性教育，注重思想入党，弘扬北京精神要永葆党的先进性，推进学习型党员队伍建设，提高广大党员的创新能力，严把入党关口，确保党组织的纯洁坚强，针对重难点问题要增强创新意识进而大胆探索；要大力弘扬中华民族的传统美德，强化领导干部的马克思主义理论素养，强化服务宗旨的再教育。坚持用党

[1] 中共中央马克思恩格斯列宁斯大林著作编译局.马克思恩格斯选集：第1卷[M].北京：人民出版社，1995：285.

员标准要求和衡量党员，经常开展思想斗争，监督和激励党员。广大领导干部不仅要“在其位，谋其政”，而且要模范地履行社会公德乃至家庭道德，做践行社会主义荣辱观的表率。只有这样，才能始终保持共产党人的蓬勃朝气、砥砺奋斗的精神，才能极大地增强党和政府的凝聚力和感召力。应通过共产党员和领导干部的道德表率作用推动北京精神培育，用北京精神引领社会思潮和道德风尚，使广大市民更加积极主动地投入到首都科学发展大潮中去。

第二，充分认识意识形态教育的重要性和艰巨性。我国社会主义意识形态教育的主要目的就是用马克思主义占领思想阵地，而且这种占领必须是长期的、持续的，不能时松时紧。2013年8月19日至20日，中央在北京召开了全国宣传思想工作会议，中共中央总书记、国家主席、中央军委主席习近平在会上强调：“意识形态工作关系党的前途命运和国家长治久安，关系民族凝聚力和向心力，是党的一项极端重要的工作。”当前一些党员干部和教育者对意识形态领域的形势缺乏清醒认识，对意识形态领域斗争的弱化缺乏危机意识。在某种程度上，党员干部和教育者作为社会主义意识形态教育的首要对象和重点人群，是社会主义意识形态的实际承载者，除了拥有较高的理论水平外，他们还必须认识到维护意识形态的重大安全意义，需要具备敏锐的意识形态素养和恰到好处的宣传教育策略。总之，从意识形态教育的重要性和艰巨性看，加强社会主义核心价值体系推广和传播是一项重大、紧迫的工程，把北京精神融入党的建设必须要以党的核心价值为根本出发点和落脚点，重在加强马克思主义学习型政党建设，务必建立一支能发挥先锋模范作用的党员队伍。

三、在首善之区精神文明建设中弘扬北京精神

“建首善，自京师”，北京作为全中国的“首善之区”，致力于建设政

治上民主与文明、社会上和谐与稳定，这就要求我们要大力提高具有“首善”特征的政治觉悟，增强市民的首都意识，提高市民在城市政治生活中民主参与的程度、能力和水平。北京精神强调“爱国、创新、包容、厚德”，集中体现了以爱国主义为核心的民族精神、以改革创新为核心的时代精神和海纳百川、博采众长的包容胸襟、厚德内涵。精神是城市之神，是城市发展的动力，只有形神兼备，才能保持城市的协调发展。城市的文明，就是城市的魅力和城市发展的“无形之本”。精神文明建设是培养市民精神、激发城市活力的工作，应通过尊重人、关心人、陶冶人来提高市民素质。

近年，北京精神文明创建工作不断取得新发展，公民思想道德建设进一步加强。之所以说精神文明建设是北京精神培育的重要支柱，是因为有社会主义核心价值体系和社会主义核心价值观做指导。北京在建设世界城市这个系统工程中，离不开社会主义核心价值体系和社会主义核心价值观的支撑与引领。弘扬北京精神，有利于增强北京社会主义文化的主导力，避免政治信仰、价值观念和思想道德规范的混乱，对于首都精神文明建设具有培土固根的作用，有利于展现北京市民健康向上的精神风貌和人文品格。

北京精神培育和首善之区精神文明建设相互包容和促进。北京精神培育是推动首善之区精神文明建设的巨大精神力量，也是首善之区精神文明建设的出发点和重要内容。继续弘扬北京精神不仅没有落后新时期的社会现实，而且是推动形成良好社会风气的重要动力，反映了广大北京市民对社会道德的期盼和要求，是新时期公民道德建设必须坚持的社会主义先进文化方向。首善之区精神文明建设必须集中体现北京精神的实质、主要内容和基本要求，不仅要用精神文明建设来引导、促进北京精神的逐步形成，还要以北京精神的落实和贯彻作为检验首善之区精神文明建设成果的标准。目前，首善之区精神文明建设的核心任务应该是整合社会资源，用社会主义核心价值体系和社会主义核心价值观指导和统领精神文明建设，创造出有利于北京精神培育的文化氛围。党的十八大报告从建设社会主义文化强国的全局出发，对全面提高公民道德素质作出部署。因此，要以培育北京精神为契机，不断创新道德建设载体，让北京精神成为开展公民道德。当前，要切实把北京精神培育与推进首善之区精神文明建设结合起来，把群众性精神文明创建活动与军民共建活动结合起来，推动北京精神培育和精神文明建设工作不断取得新实效，为构建共同精神家园奠定坚实基础，从而推进社会主义先进文化的大发展大繁荣。

结　语

党的十八大以来，习近平总书记高度关注首都工作，先后两次视察北京并发表重要讲话。为深入贯彻落实习近平总书记视察北京重要讲话精神，紧紧扣住迈向“两个一百年”奋斗目标和中华民族伟大复兴的时代使命，围绕“建设一个什么样的首都，怎么建设首都”这一重大问题，谋划首都未来可持续发展的新蓝图，北京精神的培育是非常必要的。2017年10月18日，习近平总书记在中国共产党第十九次全国代表大会上作了题为《决胜全面建成小康社会　夺取新时代中国特色社会主义伟大胜利》的报告，提出：社会主义核心价值观是当代中国精神的集中体现，凝结着全体人民共同的价值追求。要以培养担当民族复兴大任的时代新人为着眼点，强化教育引导、实践养成、制度保障，发挥社会主义核心价值观对国民教育、精神文明创建、精神文化产品创作生产传播的引领作用，把社会主义核心价值观融入社会发展各方面，转化为人们的情感认同和行为习惯。坚持全民行动、干部带头，从家庭做起，从娃娃抓起。深入挖掘中华优秀传统文化蕴含的思想观念、人文精神、道德规范，结合时代要求继承创新，让中华文化展现出永久魅力和时代风采。

“爱国、创新、包容、厚德”——北京精神表述语的提出，是发挥全国文化中心示范作用的重要体现，是北京推进社会主义核心价值体系建设和社会主义核心价值观的重大战略举措，更是践行社会主义核心价值体系和社会主义核心价值观，贯彻和落实习近平重要讲话精神的迫切需要和生动实践。北京精神表述语的提出，不仅赋予了社会主义核心价值体系和社会主义核心价值观建设以本土情境和实践内涵，而且推进了社会主义核心价值体系和社会主义核心价值观的具象化、大众化和生活化。培育和践行北京精神，能够发挥其在社会公德建设中的思想基石和道德引领作用，能够发挥其在职业道德建设中的职场净化和行业规范作用，能够发挥其在家庭美德建设中的和谐亲情和健全伦理作用，还能够发挥其在个人品德建设中的人格塑造和精神感召作用。培育和践行北京精神，不仅可以引领社会思潮，抵制各种错误和腐朽思想的影响，形成良性的社会舆论，传承中华传统美德，而且是符合首都社会主义精神文明建设要求、适应社会主义市场经济的道德和行为规范的，能演化成高尚的社会风尚使人们的精神世界更加充实、文化生活更加丰富多彩。北京精神具有鲜明的时代性，不仅是新时期思想政治教育鲜明的时代主题，也赋予了思想政治教育鲜明的地域特色，丰富了新时期思想政治教育学的范畴。值得注意的是，北京精神培育是新形势下思想政治教育的主要载体、重要抓手和基本路径之一，思想政治教育是新形势下北京精神培育的主要形式、重要方面和组成部分之一。本书力图从思想政治教育视野呈现北京精神培育中存在的问题与不足，为提高其实效性尽微薄之力。

爱国作为北京精神的核心，深刻反映了国家和民族的需要，与社会主义核心价值体系和社会主义核心价值观一脉相承，是动员和凝聚各族人民为振兴中华民族而奋斗的强大精神力量。只有在社会主义的国家中，爱国和爱社会主义才能紧密地联系在一起，统一于建设中国特色社会主义与实现中华民族伟大复兴的历史进程中，是动员和鼓舞中国人民团结奋斗的一面旗帜，是整合民族精神资源、推动我国社会发展的巨大力量，是全国各族人民共同的精神支柱。创新作为北京精神的精髓，反映着首善之区得天独厚的优势和敢为天下先的气魄，凝聚着北京人民的聪明智慧和知识才华，体现了北京历史文化的基本内涵和北京城市发展的真谛，展现了北京人民敢为人先的气质和自强不息的精神。创新的实质是人类在物质上和精神上的自我突破和超越，北京之所以能够成为新中国的首都、现代化的国际大都市，其背后的重要支撑正是创新精神。弘扬和践行北京精神需要全面认识和保持高度的创新意识，遵循创新活动的一般规律，认真实施科技创新和文化创新“双轮驱动”战略。包容是北京在长期的历史发展和文化积累中孕育形成的重要精神特征，具有深刻的思想内涵和价值意蕴，体现了北京城市品质、人文传统和社会功能的有机统一，也展示了北京精神的基本特征和独特魅力。厚德是北京立德扬善的首善品质和崇文尚礼文化品位的典型反映，包含了以为人民服务为核心，以集体主义为原则，以爱祖国、爱人民、爱劳动、爱科学、爱社会主义为基本要求，与社会主义市场经济相适应、与社会主义法律体系相配套的社会主义道德，也继承了中华传统美德中“仁义礼智信”等一切美好品行的道德范畴，是集现代美德和传统美德于一体，充分体现时代性和历史继承性相统一的新道德体系，可谓承前启后、覆盖内外。应该说，北京精神是“四个统一”，是城市精神和核心价值的统一，是城市共性和北京个性的统一，是城市特质与市民气质的统一，是历史底蕴和未来愿景的统一。培育和践行北京精神能够确保世界城市建设的社会主义性质和方向，能够确保北京最终能够建成有中国特色的世界城市，并使精神文明建设的成果为广大的市民所分享。北京精神培育活动是实现建设中国特色世界城市目标的重要途径，并为北京建设中国特色世界城市奠定了基础，我们要积极借鉴世界城市精神培育中的好的经验与做法。当然，在北京精神培育中，我们应坚持“以人为本”、协调发展原则，科学借鉴、结合实际原则，整体把握、循序渐进原则和政府主导、全社会参与原则。同时，应注意将北京精神培育与弘扬雷锋精神结合起来，将北京精神培育与弘扬奥运精神结合起来，将北京精神培育与实现中国梦结合起来。

在思想政治教育视野下北京精神培育的路径探索中，因为北京精神丰富的文化内涵和精神财富是首都高校思想政治教育理论的重要内容之一，也是首都高校思想政治理论教育的重要载体，所以，必须将北京精神有效融入学校的思想政治教育之中，让学校教育成为推进北京精神培育的主渠道，注重首都高校在弘扬北京精神中的重要作用，将北京精神的主题纳入首都高校思想政治理论课程教学内容和课程实践教学环节之中，实现两者有机结合，在学校思想政治教育中加强北京精神培育。家庭作为个体接受德化教育的第一所学校，担负着教育下一代的责任，家风也潜移默化地影响着儿童和青少年的健康成长，家庭教育是培育北京精神的基础，家庭美德建设水平对于北京精神培育和发展具有重要的意义。所以，必须将北京精神有效融入家庭的思想政治教育之中，大力提倡尊老爱幼、勤俭持家的家庭美德，弘扬传统美德，吸收北京精神的道德内蕴，在家庭教育中贯彻、体现北京精神，用北京精神推动家庭美德建设，在传承家庭文化中弘扬北京精神，将北京精神以喜闻乐见的形式渗透到家庭生活的各方面，推动我国社会主义精神文明建设与文化大发展大繁荣。社区是培育市民文明生活方式的最基础、最重要的场所，市民的衣食住行、喜怒哀乐、生活方式都与社区息息相关，社区的文明程度及其管理水平，在很大程度上决定着市民的文明水平和行为方式。所以，必须将北京精神有效融入社区的思想政治教育之中，重点培育市民文明生活方式，开展丰富多彩的群众性精神文明创建活动，切实加强社区管理，发挥社区提高市民文明素质方面的功能，注重充分发挥共产党员在北京精神培育中的作用，在首善之区精神文明建设中大力弘扬北京精神。

参考文献

一、著作

[1]中共中央马克思恩格斯列宁斯大林著作编译局.马克思恩格斯全集：第1卷[M].北京：人民出版社，1995.

[2]中共中央马克思恩格斯列宁斯大林著作编译局.马克思恩格斯全集：第2卷[M].北京：人民出版社，1995.

[3]中共中央马克思恩格斯列宁斯大林著作编译局.马克思恩格斯全集：第3卷[M].北京：人民出版社，1995.

[4]中共中央马克思恩格斯列宁斯大林著作编译局.马克思恩格斯全集：第4卷[M].北京：人民出版社，1995.

[5]《公民道德建设实施纲要》学习读本编写组.《公民道德建设实施纲要》学习读本[M].北京：人民出版社，2001.

[6]李大钊.李大钊选集[M].北京：人民出版社，1959.

[7]鲁迅.鲁迅全集：第5卷[M].北京：人民文学出版社，1981.

[8]林语堂.辉煌的北京[M].西安：陕西师范大学出版社，2003.

[9]老舍.老舍讲北京[M].北京：北京出版社，2005.

[10]梁思成.中国建筑史[M].天津：百花文艺出版社，2005.

[11]中共北京市委宣传部，北京市社会科学界联合会.北京精神百家谈[M].北京：北京出版社，2011.

[12]中共北京市委宣传部，北京市社会科学界联合会.北京精神50问[M].北京：北京出版社，2011.

[13]中共北京市委宣传部，北京市社会科学界联合会.北京精神通论[M].北京：北京出版社，2012.
[14]中共北京市委宣传部，首都精神文明建设委员会办公室.北京精神市民读本[M].北京：北京出版社，2012.
[15]李建平.北京精神与文化[M].北京：经济科学出版社，2012.
[16]阎崇年.中国古都北京[M].北京：中国民主法制出版社，2008.
[17]邱华栋.印象北京[M].桂林：广西师范大学出版社，2000.
[18]张泉，沈望舒.2007年北京文化发展报告——文化创意与城市精神[M].北京：社会科学文献出版社，2007.
[19]中共北京市委党史研究室.北京市抗美援朝运动资料汇编[M].北京：知识出版社，1993.
[20]李建平.魅力北京中轴线[M].北京：文化艺术出版社，2012.
[21]杨东平.城市季风：北京和上海的文化精神[M].北京：东方出版社，1994.
[22]洪烛.北京的梦影星尘——三千年古都的精神地图[M].海口：海南出版社，2000.
[23]张善培.老北京的记忆[M].北京：社会科学文献出版社，2010.
[24]王笑东.北京精神[M].北京：北京联合出版公司，2012.
[25]王东，王放.北京魅力——北京文化与北京精神新论[M].北京：北京大学出版社，2008.
[26]杨河.海纳百川有容乃大[M].北京：高等教育出版社，2011.
[27]宋志明，吴潜涛.中华民族精神论纲[M].北京：中国人民大学出版社，2006.
[28]金耀基.从传统到现代[M].北京：中国人民大学出版社，1999.
[29]杜维明.现代精神与儒家传统[M].北京：北京三联书店，1997.
[30]丁来文.百年民族精神[M].长沙：湖南大学出版社，2001.
[31]王俊义.炎黄文化与民族精神[M].北京：中国人民大学出版社，1993.
[32]王克千.价值观与中华民族凝聚力[M].上海：上海人民出版社，2001.
[33]李秀林.辩证唯物主义和历史唯物主义原理[M].北京：中国人民大学出版社，1995.
[34]卫世文.中华民族精神论[M].郑州：郑州大学出版社，2002.
[35]邓安庆，邓名瑛.文化建设论[M].长沙：湖南人民出版社，1998.

[36]罗文东.中国特色社会主义文化理念论[M].北京：中国法制出版社，2003.
[37]罗国杰.中国传统道德：规范卷[M].北京：中国人民大学出版社， 1996.
[38]张耀灿，郑永廷，吴潜涛，骆郁廷.现代思想政治教育学[M].北京：人民出版社，2006.
[39]骆郁廷.精神动力论[M].武汉：武汉大学出版社，2003.
[40]余英时.文化传统与文化重建[M].北京：北京三联书店，2004.
[41]李娟.思想政治工作创新[M].北京：中国言实出版社，2004.
[42]李宗桂.中国文化导论[M].广州：广东人民出版社，2002.
[43]齐振海.爱国主义概论[M].北京：北京师范大学出版社，1985.
[44]程胜林.爱国主义纵横谈[M].兰州：甘肃人民出版社，1983.
[45]路则省.爱国主义教育辞典[M].大连：大连出版社，1991.
[46]夏尚武，李南.百年天安门[M].北京：中国旅游出版社，1999.
[47]李建平.皇都京韵[M].北京：燕山出版社，2005.
[48]奚洁人.世界城市精神文化论[M].上海：学林出版社， 2010.
[49]陈立旭.都市文化与都市精神——中外城市文化比较[M].南京：东南大学出版社，2002.
[50]侯仁之.侯仁之文集[M].北京：北京大学出版社，1998.
[51]侯仁之.侯仁之讲北京[M].北京：北京出版社，2003.
[52]朱善璐.北大学者论北京精神[M].北京：北京大学出版社，2012.
[53]干春松.北京，人文之魅[M].北京：中国人民大学出版社，2012.
[54]杨业华.思想政治教育新视野[M].北京：中国社会科学出版社，2013.
[55]习近平总书记系列讲话精神学习读本[M].北京：中共中央党校出版社，2013.
[56]习近平在十八届中央纪委二次全会上重要讲话精神学习问答[M].北京：党建读物出版社，2013.
[57]韩华.北京精神：北京文化建设的精神动力[C]//第五届北京中青年社科理论人才“百人工程学者论坛论文集.北京：光明日报出版社，2011.
[58]李建平.北京精神与北京城中轴线[C]//纪念北京史研究会成立三十周年文集.北京：北京出版社，2011.

[59]李建平."爱国"是北京城市精神的基石[C]//北京中国抗日战争史研究会建会20周年学术论文集.北京：光明日报出版社，2011.

[60]袁济喜.从传统文化看北京精神[C]//第五届北京中青年社科理论人才"百人工程学者论坛论文集.北京：光明日报出版社，2011.

[61]杨增崇."北京精神"首都高校思想政治教育的内容之维[C]//第五届北京中青年社科理论人才"百人工程学者论坛论文集.北京：光明日报出版社，2011.

[62]杨生平.北京精神：社会主义核心价值体系的生动体现[C]//第五届北京中青年社科理论人才"百人工程学者论坛论文集.北京：光明日报出版社，2011.

[63]周良书.爱国：北京精神的核心[C]//第五届北京中青年社科理论人才"百人工程学者论坛论文集.北京：光明日报出版社，2011.

[64]刘建军.谈谈北京的大气包容[C]//第五届北京中青年社科理论人才"百人工程学者论坛论文集.北京：光明日报出版社，2011.

[65]李寿平，刘毅.构建诚信制度与践行厚德精神[C]//第五届北京中青年社科理论人才"百人工程学者论坛论文集.北京：光明日报出版社，2011.

二、论文

[1]薛倩.爱国、创新、包容、厚德——专家学者解读"北京精神"[N].中国社会科学报，2012-02-01.

[2]朱相远."北京精神"的三个特性——民族的传承性、科学的时代性、大众的实践性[N].北京日报，2011-12-19.

[3]陶东风.北京精神是一种文化氛围[N].光明日报，2012-01-18.

[4]汤一原.北京精神来自实践必然指导实践[N].北京日报，2012-01-13.

[5]许传玺.为什么要提炼和培育"北京精神"[N].北京日报，2011-09-26.

[6]连玉明.先进的城市文化与北京精神[N].北京日报，2011-11-07.

[7]陈刚.加强践行"北京精神"的责任感和使命感[N].北京日报，2012-02-13.

[8]朱竞若，余荣华."北京精神"表述语发布[N].北京日报，2011-11-03.

[9]杜弋鹏，张景华.北京精神引领世界城市建设[N].光明日报，2012-09-11.

[10]杨生平.北京精神：社会主义核心价值体系的体现[N].北京日报，2012-09-31.
[11]阎崇年.知行北京精神[J].北京观察，2012（1）.
[12]范宝祥，王文杰.浅谈在高校办公室工作中践行北京精神[J].中国电力教育，2012（10）.
[13]北京工业大学党委学生工作部.立足北京 传承文化 推动思想政治教育创新发展[J].北京教育（德育），2012（1）.
[14]中国人民大学党委学生工作部.服务首都发展目标 推动高校学生工作精致化发展[J].北京教育（德育），2012（1）.
[15]伍聪.首都高校践行“北京精神”要唱好“四重奏”[J].北京教育（高教），2012（1）.
[16]应中正，于春华，欧阳漫，闫煜蕾.将“北京精神”内化为大学生的实际行动[J].北京教育（德育），2012（3）.
[17]欧阳漫，应中正，于春华，姬刚.北京精神 传统的凝练 时代的旗帜[J].北京教育（德育），2012（2）.
[18]刘陈德，魏晔玲.北京精神属不属于北京[J].前线，2011（12）.
[19]李月.论“北京精神”诞生带给我们的理论思考[J].学理论，2012（13）.
[20]周林玲.关于“北京共识”与“中国模式”的思考[J].改革开放，2011（14）.
[21]张颐武.北京精神的价值[J].北京观察，2012（1）.
[22]蔡小平，王燕弓.北京精神三论[J].精神文明导刊，2012（3）.
[23]侯才.“和谐社会”具有深厚的文化底蕴和丰富的内涵[J].科学社会主义，2004（5）.
[24]马建民.北京精神理念的产生及其重大意义[J].北京劳动保障职业学院学报，2012（1）.
[25]刘建军.简论精神文明建设与思想政治教育[J].学校党建与思想教育，2001（1）.
[26]陈其泰.关于“民族精神”内涵的理论思考[J].社会科学战线，2010（11）.
[27]严昭柱.文化的力量熔铸在民族的生命力、创造力和凝聚力之中[J].求是，2003（8）.
[28]白一.城市精神——城市文化之韵[J].雕塑，2008（4）.
[29]冷观.城市精神与城市现代化[J].上海经济研究，2003（4）.

[30]草峻子. 北京精神 城市文化的精髓和灵魂[J]. 工会博览，2011（12）.

[31]鲍宗豪. “全球城市”的精神文化[J]. 社会发展论坛，2009（15）.

[32]杨章贤，刘继生. 城市文化与我国城市文化建设的思考[J]. 人文地理，2002（4）.

[33]王一川. 谈谈“北京精神”中的“厚德”[J]. 北京社会科学，2012（1）.

[34]孙照红. 培育“北京精神”是首都文化建设的实践载体——兼论北京建设世界城市的精神力量[J]. 城市管理与科技，2012（1）.

[35]王伟. 践行北京精神的着力点[J]. 前线，2012（3）.

[36]高东新. 和谐思想与当代城市精神文化的建构[J]. 长安大学学报（社会科学版），2010（4）.

[37]贺茂之：走进崇高践行北京精神[J]. 前线，2013（3）.

后　记

回想这几年的学术生活，思绪万千。有过成功的收获和快乐，亦有过失败的沮丧和遗憾，有太多的人和事值得记忆。

本书是在我博士毕业论文的基础上修改而完成的。首先感谢我的博士导师陈勇教授，恩师在本书的写作过程中倾注了大量的心血和精力，并在繁忙的工作中抽出时间为本书作序。恩师深厚而前沿的学术造诣，勤奋而严谨的治学风格，严肃而国际化的科学态度，从容而乐观的性格，机智而幽默的谈吐及敏锐的洞察力，让我获益良多，怎样言说都表达不尽。同时，我要感谢北京经济管理职业学院的陈晓燕教授在我修改专著期间对我提供的指导与帮助。

最后，感谢我的家人一直以来对我学业、工作的支持、理解和鼓励！谁言寸草心，报得三春晖！感谢我的父母能够在我成功时一起分享我的喜悦和幸福，在我受到挫折沮丧时给予我无微不至的关怀和鼓励。妈妈，爸爸，我爱你们。祝愿你们在以后的日子里能够永远身体健康，幸福快乐。感谢我可爱的宝宝，让我更加珍惜身边的幸福！我会用我的一生来爱你们！

谨以此书献给所有关怀过我、支持过我、帮助过我、鼓励过我和理解过我的师长、亲人、学友和朋友们！

最后，感谢岁月与困难对我的磨砺！

袁阳

2018年8月1日